KB054525

살면서 꼭 한 번은

명상록

살면서 꼭 한 번은

명상록

Meditations

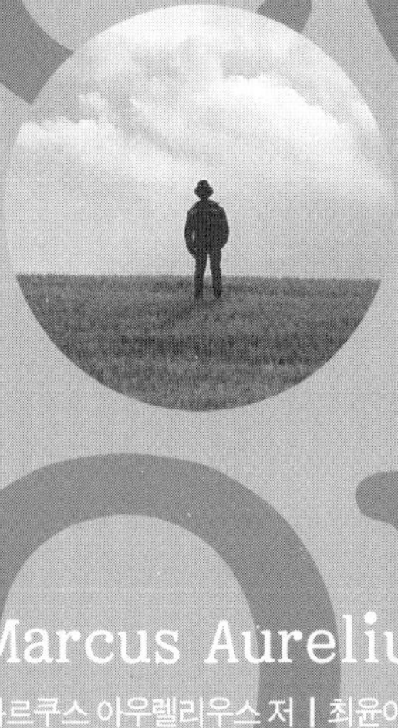

Marcus Aurelius

마르쿠스 아우렐리우스 저 | 최윤아 역

다른상상

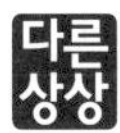

차례

자연에 순응하는 삶과 그 의미를 탐구하고
다시금 감명받을 수 있다는 것에 대해서도 신들께 감사한다.
비록 내가 스스로의 불완전함 때문에 자연에 순응하는 삶을 살지 못할 때에도
신들의 은총, 도움, 가르침이 떠나지 않고 내게 있어서
내가 즉시 그런 삶을 살아가겠다고 하는 것에는 아무런 방해가 없다.

1 나는 할아버지 베루스[1]에게서 바른 성품과 자제력을 배웠다.

2 아버지에 대한 기억과 아버지가 남긴 명성에서 겸손과 남성다운 기질을 배웠다.

3 어머니에게 신을 공경하며 살아가는 삶에서 비롯한 경건함과 남에게 베푸는 자애로움을, 나쁜 행위를 하지 않는

1 마르쿠스 안니우스 베루스(AD 50-138)는 마르쿠스 아우렐리우스의 할아버지로 집정관을 역임했으며, 가문에서 처음으로 귀족 반열에 올랐다. 마르쿠스의 생부가 죽자 어린 마르쿠스를 양자로 삼았다. 후에 마르쿠스는 안토니누스 피우스 황제에게 입양된다.

것뿐만 아니라 나쁜 생각까지 버려야 한다는 것과 소박하게 사는 법을 배웠다.

4 증조할아버지 덕분에 일반 학교에서 공부하지 않고 훌륭한 스승을 집으로 모셔 가르침을 받았으며, 이런 일에 돈을 아끼지 말아야 함을 배웠다.

5 나의 스승에게서 전차 경기에서는 녹색당과 청색당, 검투 경기에서는 둥근 방패와 모난 방패 중 어느 한쪽 편을 들어서는 안 된다는 가르침을 받았다. 또한 노역을 견디고, 욕망을 줄이며, 자기 손으로 일하고, 남의 일에 참견하지 말며, 남의 비방에 귀를 기울여서는 안 된다는 것도 배웠다.

6 디오그네토스[2]에게서는 자질구레한 일에 열중하지 않는 것, 주술사나 사기꾼이 악귀에 대해 말하거나 현혹하려는 것을 믿지 않는 것, 메추라기를 싸움 붙이는 놀이에 열중하지 않는 것, 언론의 자유를 받아들이고 철학을 숭상하

2 마르쿠스의 미술 교육을 담당했던 개인교사.

는 것을 배웠다. 바케이오스를 시작으로 탄다시스와 마르키아누스와 같은 여러 훌륭한 스승의 가르침을 받은 것, 어릴 적부터 대화록을 쓰고, 나무 침대나 가죽, 옷 등 그리스 철학자들이 추구했던 생활양식을 좋아하게 된 것도 그 덕분이었다.

7 루스티쿠스[3]에게서는 나의 성격을 바로잡고 수양할 필요가 있다는 것, 번거롭게 잘잘못을 따져서 연설을 늘어놓거나 궤변을 겨루는 일에 열을 올리지 않는 것, 이론적이고 사변적인 막연한 추측으로 글을 쓰지 않는 것, 학식이 높고 수양한다고 하여 자기를 과시하지 않는 것, 지나치게 금욕적이거나 반대로 자선사업가처럼 보이려고 하지 않는 것, 시와 노래와 같은 미사여구나 수사학을 멀리하는 것, 외출복을 입은 채로 집 안을 돌아다니지 말며, 편지를 쓸 때에는 루스티쿠스가 시누엣사에서 내 어머니에게

3 스토아학파에 기반을 둔 철학자이자 정치가로, 마르쿠스가 스토아 철학에 관심을 갖는 데 큰 영향을 미친 인물 중 한 명이었다. 마르쿠스가 황제가 된 후에 집정관을 지내고 로마의 총독으로 임명되기도 했다.

쓴 것처럼 소박할 것, 나에게 무례한 짓을 한 자들이 화해의 뜻을 비칠 때는 마음을 풀고 기꺼이 받아들일 것, 책을 읽을 때 표면적인 얄팍한 이해에 만족하지 말 것, 말이 많은 사람을 주의하고 성급하게 맞장구치지 말 것 등을 배웠다. 그가 에픽테토스의 필사본을 빌려준 덕분에 《담화록》을 알 수 있었다.

8 아폴로니오스[4]에게서는 의지의 자유와 목적을 관철하는 것, 이성 말고는 아무것도 의지하지 않고 단 한순간도 돌아보지 않는 것, 심한 고난을 당하거나 사랑하는 자식을 잃거나 오랫동안 질병으로 고생하더라도 언제나 침착하고 이성적인 태도를 취하는 것, 용감하면서도 유순하게 살아가는 것, 자녀를 가르칠 때 조급하게 굴지 않는 태도를 그에게서 배웠다. 또, 철학 속 진리들을 자기 경험에 빗대어 알기 쉽게 가르치면서도 자신의 그런 재능을 자랑하지 않고 그저 작은 재능에 불과하다고 여기는 사람이 있

4 마르쿠스의 양부 안토니누스 피우스 황제가 교육을 위해 초빙한 스토아 철학자.

다는 것을 그를 통해 확인했다. 친구한테 신세를 질 때에는 결코 비굴하지도, 무성의하지도 않게 친구가 베푸는 호의를 받아들이는 법 또한 그에게서 배울 수 있었다.

9 섹스토스[5]에게서는 인자함과 미덕으로 잘 가꾸어진 가정의 본보기, 자연에 순응하여 살아가야 한다는 생각을 배웠다. 또, 허식 없는 위엄과 엄숙함, 친구들을 배려하고 존중하며, 무지하거나 분별없는 사람들을 너그럽게 대하는 법 등을 배웠다.

그는 누구든 유쾌한 얼굴로 대해주고 융화시키는 재능을 갖고 있었으므로 그와의 교제는 어떤 칭찬을 듣는 것보다 즐거웠으며, 교제하는 사람들로부터 큰 존경을 받았다. 그리고 인생을 살아갈 때 꼭 필요한 원칙들을 발견하고 그것을 체계적으로 정리할 줄 아는 재능도 갖고 있었다. 그는 분노는 물론, 어떤 감정도 얼굴에 드러내지 않았

5 그리스 보이오티아 지방 카이로네아 출신의 아카데미아학파 철학자로서, 《영웅전》의 작가 플루타르코스의 조카였다. 마르쿠스는 황제가 된 이후에도 꾸준히 섹스토스의 강의를 들었다.

다. 모든 감정에서 벗어나 있으면서도 애정이 매우 깊었다. 그는 요란을 떨지 않고서도 만족감을 표시할 수 있었고, 많은 지식을 갖추었음에도 허세를 부리지 않았다.

10 수사학자 알렉산드로스에게서는 남에 대해 흠잡는 것을 삼가며, 천한 말씨와 그릇된 문법, 이상한 발음으로 말하는 사람들을 비방하지 않고, 그 경우에 써야 할 올바른 표현을 답변이나 동의, 질문과 같은 형식을 빌려 바로잡아 주어야 한다는 것을 배웠다.

11 수사학자 프론토에게서는 폭군이나 군주에게서 질투와 이중성, 위선을 꿰뚫어보는 법과 우리가 귀족이라 부르는 자들은 대체로 인자함이 없다는 사실을 배웠다.

12 플라톤학파의 알렉산드로스[6]에게서는 "나는 시간이 없다"는 것을 남들에게 부질없이 말하거나 그것을 편지로 써

---

6 소아시아 킬리키아 지방 셀레우키아 출신의 철학자이자 수사학자로, 마르쿠스의 비서였다고 한다.

보내면 안 된다는 것을 배웠다. 그리고 급한 일을 핑계삼아 사람들과의 교제에 필요한 의무를 게을리해서는 안 된다는 것 또한 배웠다.

13 카툴루스에게서는 어떤 친구가 자기 잘못을 지적했을 때 비록 그것이 억지라 하더라도 이를 무시하지 말고, 친구를 본래의 성품으로 돌아가게 하도록 힘써야 함을 배웠다. 그리고 도미티우스와 아테노도토스를 본받아 스승들에게 언제나 옳은 말을 하고, 자녀들을 진심으로 사랑하라 배웠다.

14 사랑하는 형제 세베루스[7]에게서는 가족을 사랑하고, 진리를 사랑하며, 정의를 사랑할 것을 배웠다. 세베루스를 통해 트라세아·헬비디우스·카토·디온·브루투스[8]를 알게 되었으며, 모든 사람을 위한 하나의 법률이 존재해야 한

7 146년에 집정관을 지낸 그나이우스 클라우디우스 세베루스 아라비아누스를 말한다. 그의 아들이 마르쿠스의 딸과 결혼했다.

8 폭정에 저항했던 스토아 철학자들, 정치가들이다. 트라세아는 로마제국의 원로원 의원으로 네로 황제의 뜻에 반대하다 66년에 자결을 강요당했다.

다는 것, 평등한 권리와 자유로운 의사표현을 인정하는 정부, 시민들의 자유를 최우선적으로 존중하는 통치 관념을 배웠다. 그리고 철학에 대한 자기 견해는 처음부터 끝까지 변함이 없어야 하며, 선한 일을 행하고 기꺼이 남에게 베풀며, 모든 일에 밝은 희망을 품고, 친구들의 사랑을 온전히 믿는 것에서 더 나아가 자신을 배척하는 사람들에게도 마음을 열고 자기의 뜻을 말하며, 친구들에게 자신이 무엇을 원하고 무엇을 원치 않는지 그들이 추측할 필요 없이 분명히 알도록 하라는 것을 배웠다.

15 막시무스에게서는 철저히 절제하는 것을 배웠다. 어떤 일에도 미혹되지 않으며 하물며 병이 들었을 때조차 쾌활해야 하고, 상냥하든 엄격하든 그 성품을 적당히 조절하여

그의 사위 헬비디우스는 베스파시아누스 황제의 뜻에 반대하다 75년에 처형당했다. 카토는 기원전 46년 탑수스 전투에서 율리우스 카이사르에게 패한 후 자결했다. 디온은 시칠리아 시라쿠사의 귀족으로 플라톤의 제자였는데, 디오니시오스 2세를 좋은 군주로 만들려다 미움을 사서 살해당했다. 카토의 사위 브루투스는 카이사르를 암살한 인물들 중 한 사람으로, 기원전 42년 필리피 전투에서 안토니우스와 옥타비아누스에게 대패한 후 자결했다.

불평하지 않고 자기 일을 처리해야 함을 배웠다. 막시무스는 말과 행동이 일치했다. 그가 하는 일은 모두 한결같이 악의가 없었으며, 그 점은 아무도 의심치 않았다. 막시무스는 결코 놀라는 얼굴을 하지 않았으며 절대 서두르지 않았다. 어떤 일이든 미루는 법이 없었고, 당황하거나 낙담하지도 않았으며, 자기 곤경을 웃음으로 얼버무리는 일이 없었다. 격정에 휩싸이거나 시기하지도 않았다. 너그럽고 선량했으며 망설임 없이 남을 용서했다.

막시무스는 그렇게 하도록 단련받은 사람이라기보다는 정의로움을 떠날 수 없는 사람처럼 보였다. 그를 만난 이들은 그에게 무시를 당했다고 생각하거나 그보다 자신이 뛰어나다고 생각하지 않았다. 막시무스는 유쾌한 농담을 하는 재능도 있었다.

16 나의 양아버지[9]에게서는 온유한 기질과 신중히 생각해서 결정한 일은 단호하게 밀고 나가야 한다는 것을 배웠다.

---

9 선정을 펼친 로마의 5현제 중 네 번째 황제 안토니누스 피우스를 말한다. 161년 그가 죽고 마르쿠스가 황제에 즉위했다.

또, 명예에 대한 허영심이 없고, 노고와 정진을 사랑하며, 대중의 이익을 위해 건의하는 사람들의 말에 기꺼이 귀를 기울이고, 공평함으로 저마다의 잘잘못에 따라서 상벌을 처리하는 것과 적극적으로 행동할 때와 아닐 때를 분별하는 능력을 보고 배웠다. 아버지는 소년에 대한 모든 욕망을 억제하였고, 아버지 자신을 일반 시민과 조금도 다름없는 사람으로 여겼다. 친구들이 자신과 반드시 식사해야 한다거나 원정을 떠날 때 함께 해야 한다고 강요하지 않았고, 급한 일 때문에 그를 따르지 못한 사람들도 평소와 다름없이 대해주었다.

아버지는 모든 일을 용의주도하고 조심스럽게 처리하는 것이 습관이 되어 있어, 첫눈에 마음에 들었다고 해서 검토를 그만두는 법이 없었다. 친구들에 대해서 쉽게 싫증을 내거나 지나치게 애정을 표시하는 일이 없어 오래도록 한결같은 모습이었다.

모든 것에 만족하고 즐거운 얼굴이었다. 앞날을 내다보는 안목이 있어서 사소한 일도 꼼꼼하게 준비해두고 칭송과 아부를 경계했다. 국사를 돌볼 때에는 항상 세심하게 주의를 기울이고, 나랏돈의 훌륭한 관리인이 되고자 애썼다. 이런 일들에 관하여 당신에게 돌아오는 비난을 참을성 있게 견디곤 했다.

아버지는 여러 신에 대하여 결코 미신적인 생각을 가지지 않았다. 남의 환심을 사려하거나 백성들에게 아부하여 민심을 우롱하는 일도 없었다. 모든 일을 근엄하고 견실한 태도로 행했으며 결코 이상한 취향이나 비열한 생각에서 우러나는 것이 없었다. 운명이 허락한 물질적 풍요는 즐겁게 누렸으나 그것을 자랑하지도 않고 업신여기는 일도 없었다. 그것들을 소유하고 있을 때 과시하지 않았고, 가지고 있지 않을 때도 아쉬워하지 않았다.

아버지를 가리켜 궤변가 또는 교양이 없는 경솔한 사람, 현학자라고 생각하는 이는 한 명도 없었다. 모두가 아버지를 유능하고 완벽하며, 모든 대소사를 순조롭게 처리해 나갈 수 있는 사람으로 인정했다. 아버지는 참된 철학자들을 존경했지만, 허식으로 철학자인 체하는 사람들도 결코 비난하지 않고 현혹되지도 않았다. 남에게 불쾌한 태도를 보이는 법이 없었으며 분위기를 즐겁게 만들었다.

건강에 특히 주의했는데 그렇다고 지나치게 삶에 집착하거나 외모에 온통 관심이 쏠려 있지는 않았다. 미리 조심하여 의술이나 약의 도움을 받거나 다른 조치를 할 필요가 없었다.

한편 변론·법률·윤리 또는 이와 비슷한 면에 어떤 특수한 재능을 갖고 있는 사람들이 그 자신의 탁월함으로 명성을 얻을 수 있도록 힘이 되어주었다. 아버지는 일부러 꾸미는 일 없이 국가의 제도와 법률을 지켰다. 변화와 혼란을 좋아하지 않았고, 일정한 지위에 머물러 일정한 일을 하는 것을 좋아했다. 그는 두통을 앓고 난 뒤에도 얼른 기운을 차려 활기차게 평소의 사무를 봤다.

아버지에게는 비밀이 적었다. 어쩌다 생긴 비밀도 공적인 일에 대한 것뿐이었다. 그는 대중의 구경거리, 관공서의 건축, 국민에 대한 자신의 하사품 등에 대해서는 더없이 신중하고 알뜰했다. 그는 자기가 해야 할 일을 할 뿐, 명예를 위한 업적을 세우려 하지 않았다.

예정 없이 목욕하지 않았고, 화려한 건축물을 지으려고 무리하지 않았다. 하인의 미모나 자기가 먹는 음식과 입은 옷의 재질, 색깔이 어떤지 관심이 없었다. 옷과 필수품은 대체로 북부 바닷가 별장 로리움이나 라누비움에서 만들어왔다. 투스쿨룸의 통행세 징수인이 사면을 요청했을 때 아버지가 보여준 태도를 보라. 그는 잔인하다거나 난폭하다거나 또, 공연히 사람을 식은땀 흘리게 만드는 그런 부류가 아니었다. 무슨 일이든 조사할 때에는 침착하고 질서 있게 진실을 캐냈다.

소크라테스는 '많이 소유하지 못하면 견디지 못하고 소유하면 함부로 쓰게 되는 것이 재물이라지만, 나는 소유하지 않고서도 견디고 소유하고도 적절히 즐길 수 있었다'고 하는데 이 말을 아버지에게 적용해도 좋으리라. 소유하지 못해도 참고 견디며, 소유해도 매혹되지 않고, 어느 경우에나 의젓한 태도는 막시무스가 병들었을 때 보여준 것처럼 불굴의 정신을 지닌 인간의 특징이다.

17 나는 선량한 할아버지, 선량한 부모, 선량한 누이, 선량한 스승, 선량한 친구 등 거의 모든 선량한 존재와 함께 할 수 있는 데 대하여 신들에게 감사한다. 또 하나 내가 신들에게 감사하고 싶은 것은, 내가 이들 중 누구에게라도 해를 입히지 않았다는 점이다. 나는 본디 사람을 상처를 주는 성격의 소유자이나 신들의 은총으로 말미암아 그런 시험에 빠진 적이 한 번도 없다.

더욱이 내가 할아버지의 첩 밑에서 더 이상 양육받지 않았다는 점에 대해 감사한다. 그리하여 나는 청춘의 순결을 보존할 수 있었으며, 사춘기를 너무 앞당겨 맞이하지 않을 수 있었다. 내가 통치자로서 그리고 아버지로서 모신 사람은 내게서 모든 자만심을 없애주고, 궁정에 살면서도 호위병이나 호화로운 옷 또는 횃불 들어주는 자나 석상 같은 허식이 필요치 않으며, 평민과 거의 비슷한 생활을 하면서도 통치자로서 위엄이 손상되지 않고 나라를 위해 일할 수 있다는 것을 깨우쳐주었다.

신이 나에게 보내준 한 사람의 형제에 대해서도 감사하다. 그의 좋은 성품이 언제나 나를 일깨워주고 그가 나를 존경하고 사랑해서 내 마음이 기쁘다. 나의 자녀들이 어리석지 않고 육체적으로 불구자가 아니라는 사실도 신들의 은총이다.

또한, 내가 수사학과 시를 비롯한 그 밖의 다른 학문과 예술에 능통하지 못하다는 것도 감사할 일이다. 만일 내가 그런 분야에 뛰어난 재능을 지녔다면 아마도 나는 거기에 철저히 얽매였을 것이다. 나 자신을 이끌어준 스승들에 대해서 그들이 아직 젊다는 이유로 미루지 않고 일찌감치 저마다의 바람대로 영예로운 자리에 앉게 한 것, 내가 아폴로니오스와 루스티쿠스와 막시무스를 알게 된 것도 신들의 은총 덕분이었다.

또한, 자연에 순응하는 삶과 그 의미를 탐구하고 다시금 감명받을 수 있다는 것에 대해서도 신들께 감사한다. 비록 내가 스스로의 불완전함 때문에 자연에 순응하는 삶을 살지 못할 때에도 신들의 은총, 도움, 가르침이 떠나지 않고 내게 있어서, 내가 즉시 그런 삶을 살아가겠다고 하는 것에는 아무런 방해가 없다.

지금껏 이런 삶을 살아왔지만 나의 육체가 잘 버텨준 것, 내가 베네딕타나 테오도투스[10]에게 한 번도 손을 대지 않았으며 격렬한 사랑에서 아무런 상처 없이 빠져나올 수 있었던 것을 감사한다. 그리고 루스티쿠스에게는 자주 신경질을 부렸으나 나중에 후회할 일은 전혀 하지 않았다.

어머니는 불행히도 젊어서 세상을 떠났지만 마지막 몇 년은 나와 함께 지냈다. 나의 힘을 필요로 하는 사람에게

10 모두 로마 황실의 노예로 추정된다. 이 시대에는 노예들과의 동성애나 이성애가 금기시되는 일이 아니었다.

도움을 주려고 할 때나 어떤 경우라도 내게는 그렇게 할 방도가 마련되어 있었고, 내가 남에게 도움을 받아야 할 때는 한 번도 없었다. 내가 매우 유순하고 애정이 깊으며 검소한 아내를 맞이한 것, 내 자식들 곁에 항상 훌륭한 스승들이 있었던 것, 꿈을 통해 약에 관한 조언과 각혈과 현기증에 관한 치료법을 알게 된 것, 카이에타에서 "네 자신이 사용하기 나름이다"라는 신의 목소리를 들은 것, 내가 철학에 관심이 생겼을 때 궤변학파의 손에 떨어지지 않고, 역사가들이나 삼단논법에 시간을 낭비하지 않으며, 천체 현상을 조사하는 데 몰두하지 않은 것도 신들의 은총 덕분이다.

이런 모든 일에는 신들과 운명의 도움이 필요하기 때문이다.

바로 지금 이 순간에 삶이 끝날 수도 있는 사람처럼
생각하고 말하고 행동하라.

그라누아 강가, 콰디족 마을에서[11]

1 아침에 일어나면 먼저 이렇게 말하자. "나는 오늘 남의 일에 참견하는 자, 은혜를 모르는 자, 교만한 자, 사기꾼, 질투하는 자, 사교성이 없는 자와 만나게 될 것이다." 이 모든 일은 선악에 대한 무지에서 비롯한다. 나는 선의 본질은 아름답고 악의 본질은 추하다는 것을 꿰뚫어보고 있다. 악을 행하는 자도 본성은 나와 동일한 형제들이라는

11 그라누아는 슬로바키아에서 헝가리 부다페스트 북쪽으로 흐르는 강이다. 콰디족은 로마제국 시대 때 체코 모라비아 지방에 살던 게르만족 계열 부족을 말한다.

것과 동일한 신의 예지를 나눠 가지고 있다는 것을 안다. 그러므로 나는 이런 사람들에게 상처 입는 일이 없다. 그들은 나에게 추악한 것을 건넬 수 없고, 나 또한 형제인 그들을 증오할 수 없다. 우리는 마치 두 발이나 두 손처럼 그리고 두 눈꺼풀이나 위아래 치아처럼 서로 협동하도록 태어났기 때문이다. 서로 갈등을 일으키는 것은 자연의 이치에 어긋나는 일이다. 서로에게 화내고 혐오하는 것이 바로 그런 일이다.

2 내가 누구이든 다만 하나의 육체와 호흡과 이 둘을 지배하는 정신으로 이루어져 있는 존재다. 그대의 책들을 버려라. 그런 것들로 그대 자신을 현혹하지 말라. 그리고 마치 죽음을 앞둔 것처럼 몸에 미련을 두지 말라. 몸은 단지 피와 뼈, 신경과 혈관과 동맥이 얽혀 있는 그물에 불과할 뿐이다. 또한, 호흡을 생각해보라. 호흡은 무엇인가? 그것은 공기다. 늘 동일한 것이 아니며, 매 순간마다 토해내고 들이마시는 것이다.

육체와 호흡을 지배하는 정신에 대해서는 이렇게 생각해보라. 그대는 한 사람의 늙은이다. 더 이상 노예로 살지 말라. 이기적인 충동들에 조종당하는 꼭두각시가 돼서는 안 된다. 현재의 처지에 불만을 품어서도 안 되고, 미래를 겁내서도 안 된다.

3 신들에게서 오는 것은 모두 섭리로 가득 차 있다. 운명은 자연에서 떠나 있지 않으며, 섭리에 의해 모든 사물과 하나로 연결되어 있다. 모든 것이 이 원천에서 흘러나온다. 필연이라는 것도, 그대가 속한 우주가 주는 모든 이득도 거기에서 비롯하며, 자연의 유지에 유용한 것들을 제공한다. 우주는 수많은 원소와 그 변형물들에 의해 유지된다.

그대는 이 섭리를 아는 것으로 만족하고, 이것을 언제나 그대의 견해로 삼아라. 그리고 책에 대한 갈망을 버려라. 고민하는 일 없이 쾌활하고 성실하게 살다가 죽는 순간에는 진심으로 신들에게 감사하기 위함이다.

4 그대는 그동안 신이 수많은 기회를 주었는데도 그것을 포착하지 못했다. 이런 깨달음을 얼마나 오랫동안 포기하고 있었는가. 이제는 그대가 속한 우주가 어떤 것인지, 그대에게 주어진 시간이 한정되어 있다는 것을 깨달아야 한다.

만일 그대가 이 시간 동안 정신에서 안개를 걷어버리기 위해 애쓰지 않는다면 시간도 지나가버리고, 그대도 지나가버려 다시는 돌아오지 못한다는 사실을 알아야 한다.

5 그 어떤 순간에라도 로마인으로서 그리고 인간으로서의 위엄을 지녀야 한다. 사랑으로, 독립심으로, 정의감으로 주어진 일을 처리하며, 다른 모든 잡념에서 완전히 벗어날 수 있도록 충실히 생각해야 한다. 부주의한 태도로 이성의 명령에서 벗어나서 감정적으로 행동하지 말라. 위선과 이기심, 그대에게 주어진 운명에 대한 불만을 버리고 오직 그것이 마지막 일인 것처럼 하나하나 행하라. 그리하면 그대는 안정을 얻게 될 것이다. 그대가 이미 알고 있듯이 조용한 생활, 신들과 같은 삶을 보내기 위해 우리가 알아야 하는 것은 작디작은 것이다. 신들은 이런 것을 행하는 사람들에게는 더 많은 것을 요구하지 않는다.

6 나의 영혼이여, 나 자신을 해치는구나. 그렇게 하면 자기 자신을 존중할 기회를 없애버리는 것이다. 삶은 한 번뿐인데 영혼이 자기 자신을 존중하지 않고, 남들에게 자신

의 행복을 맡긴다면 삶은 부질없이 고갈된다.

7 그대는 어째서 외부의 사물에 현혹되는가? 새롭고 선한 일을 배우는 것에 시간을 쓰고 유익하게 만들어서 쓸데없는 혼란에 빠지지 않도록 해야 한다. 그것이 또 다른 길로 끌려가는 것이 되어서도 안 된다. 오직 자신의 생각과 충동대로 움직이느라 지쳐버리는 것 또한 어리석은 일이기 때문이다.

8 남의 마음속을 살피지 않아서 불행해지는 일은 좀처럼 없다. 하지만 자기 마음속에서 무슨 일이 일어나고 있는지 그 움직임을 주의 깊게 바라보지 않는 사람은 반드시 불행에 빠진다.

9 언제나 마음속에 간직하고 있어야 할 것은, 우주의 본질은 무엇인가 그리고 나의 본질은 무엇인가, 또 이 둘 사이에는 어떤 관계가 있는가, 나는 무엇의 한 부분이며 또한 무엇의 전체인가이다. 나 자신은 자연의 일부분이므로 언제나 자연을 좇아서 행동하고 말한다면 그것을 방해할 자

는 이 세상에 없다는 것을 알아야 한다.

10 테오프라스토스[12]는 참된 철학자답게 이성적 존재의 관점으로 여러 가지 악행을 비교하였다. 욕망으로 행한 잘못은 분노로 행한 잘못보다 더 큰 꾸짖음을 받아야 한다. 분노를 이기지 못한 사람은 무의식적 충동으로 잠시 이성을 잃었다고 볼 수 있으나, 욕망 때문에 잘못을 저지른 사람은 쾌락에 좌우된 것이므로 더욱 무절제하고 방탕한 것이기 때문이다. 이에 대하여 테오프라스토스는 욕망으로 저지르는 비행은 고통으로 저지른 비행보다 더욱 비난받아야 한다고 말했다.

분노로 잘못을 행하는 사람은 처음에 누군가로부터 해를 입었기 때문에 고통으로 저지른 것이지만 욕망으로 잘못을 행하는 사람은 자기 욕정에 사로잡혀 충동적으로 악을 저지른 것이다.

---

12 아리스토텔레스의 제자이자 후계자. 그리스의 철학자이자 과학자로 활동했다

11 바로 이 순간에 삶이 끝날 수도 있는 사람처럼 생각하고 말하고 행동하라. 신들이 존재한다면 그대를 악의 편으로 몰아넣지 않을 테니 세상을 떠나는 일을 겁낼 필요가 없다. 하지만 신들이 존재하지 않는다면, 그리고 신들이 인간의 일에 관심이 없다면, 신들이 없는 또는 섭리 없는 우주에서 살아간다는 것이 무슨 의미가 있겠는가. 그러나 신들은 존재하고 인간의 모든 일에 관여한다. 그리하여 신들은 인간이 해악에 빠지지 않도록 온갖 수단과 방법을 쓰고 있는 것이다.

신들은 다른 재해에 대해서도 인간이 맞설 준비를 하고 그것이 침해받지 않도록 힘을 내려줬다. 외부의 것이 인간을 악으로 이끌 수 없는데 어찌 인간의 삶을 악하게 만들 수 있겠는가. 대자연이 이런 해악에 눈을 감는 것은 무지하거나 부주의해서가 아니며, 또 그것을 막고 바로잡을 힘이 없기 때문이 아니다. 삶과 죽음, 영광과 치욕, 쾌락과 고통, 부와 가난 이 모든 것은 선인에게든 악인에게든 가리지 않고 똑같이 일어난다. 이 모든 것이 인간을 존귀한 존재로 만드는 것도, 하찮은 존재로 만드는 것도 아니므로 선도 악도 아니다.

12 이 세상의 모든 것은 얼마나 빠르게 사라지는가? 몸은 우주 속으로 사라지고, 그 기억은 시간 속으로 사라진다. 우리가 느낄 수 있는 것은 무엇일까? 특히 쾌락으로 인간을 유혹하고, 고통으로 인간을 두렵게 하며, 물거품 같은 허영심을 부추기는 것은 무엇인가? 이것들이 얼마나 무가치하고, 추악하며, 덧없이 말라 죽기 쉬운지 알아차리는 것이 예리한 지성이다. 어떤 생각과 말이 명성을 얻게 하는지, 어떤 자들이 그것을 얻는지 알아야 한다.

죽음에 대한 무성한 소문을 파헤치고 그것이 무엇인가를 사실 그대로 통찰한다면, 죽음이란 단지 자연의 한 과정에 지나지 않는다는 것을 알게 된다. 죽음은 그 자체로 자연의 목적에 이바지하는 일이기도 하다. 우리는 또한 인간과 신의 관계를 생각해야 한다, 인간의 어떤 부분이 신과 관련되며, 그 부분의 어떤 특성이 그렇게 만드는 것인가를 알아야 한다.

13 가장 불행한 인간은 세상을 돌아다니며 온갖 것을 다 보아도, 어느 시인이 말한 것처럼 땅속에 묻혀 있는 것까지 파헤쳐보듯이 하고, 사람들의 마음속을 들여다보는 일에

몰두하면서도, 자신의 내면에 있는 신성(神聖)을 발견하고 섬기는 것이 인간의 본분임을 알지 못하는 자이다. 신성을 섬기는 것은 욕망을 떠나야 하는 일이다. 신이나 인간 어느 쪽에서 왔든지 간에 외적인 것들에 대한 불만을 버리고 마음을 깨끗하게 가져야 한다. 신으로부터 오는 것은 그 탁월함을 존경해야 마땅하고, 인간으로부터 오는 것은 무지함에서 비롯할 때가 자주 있지만 우리 모두가 공통의 본성을 지닌 형제라는 것을 기억하고 애정으로 받아들이는 것이 마땅하다.

14 그대가 3천 년을 살든 1만 년, 2만 년, 3만 년을 살든 지금 이 순간에 살고 있는 삶은 지나가버린다. 지금 그대는 시시각각으로 생명을 잃고 있다. 그러므로 가장 긴 생애을 살아도 가장 짧은 생애를 살아도 다를 바가 없다. 우리의 삶이 동시에 사라지지는 않지만 현재라는 시간은 누구에게나 같고, 그것이 순간으로 지나가버린다는 것도 누구에게나 같다. 인간은 과거 또는 미래를 잃어버리지는 못한다. 현재 가지고 있지 않은 것을 누가 잃어버릴 수 있겠는가?

우리는 다음의 두 가지를 기억해야 한다. 첫째로 태초부터 전해 내려오는 모든 것은 같은 형태를 갖추고 윤회하므로, 우리가 똑같은 사물을 100년 동안 혹은 200년 동안 아니면 무한히 긴 세월을 두고 보든지 거기에는 아무런 차이도 없다. 둘째로 가장 오래 사는 사람이나 가장 일찍 죽는 사람이나 모두 죽는다는 점에서는 같다. 인간은 소유하지 않은 물건을 빼앗길 수 없다. 인간은 유일하게 현재라는 순간만 소유할 수 있다. 그러므로 인간은 현재라는 순간을 잃는 것이리라.

15 "모든 일은 생각하기 나름이다." 키니코스학파의 모니모스[13]가 한 말은 그 의미가 아주 분명하니 이 말의 진리에 해당하는 부분을 가치 있게 받아들여도 좋다.

---

13 키니코스학파는 자연과 합일된 삶을 추구하는 그리스 철학자들을 말한다. 소크라테스의 제자 안티스테네스가 그 시초로, 사회적 관습에 따르지 않고 본성에 따라 사는 것을 이상으로 삼았기 때문에 길에서 자거나 먹는 개와 같다는 의미로 견유학파(犬儒學派)라고도 한다. 모니모스는 디오게네스의 제자로 기원전 4세기의 견유학파 철학자였다.

16 인간의 영혼이 스스로를 해치는 경우는 다음과 같다. 첫째는 그것이 하나의 종기, 이를테면 우주의 종기가 되는 경우이다. 모든 것은 자연의 한 과정이므로 어떤 불행이나 재난을 만났을 때 반발하는 것은 자연의 이치에서 벗어나는 일이다. 둘째는 다른 사람을 떠나거나 분노하여 해를 끼치려는 생각으로 상대편에게 다가설 경우이다.

셋째는 쾌락 또는 고통 때문에 자제력을 잃을 경우이다. 넷째는 어떤 일을 할 때 진지하지 못한 태도로 성의 없이 행동하거나 말할 경우이다. 다섯째는 아무런 목적도 없이, 그 결말도 개의치 않고 충동적으로 일을 행하는 경우이다. 이성을 지닌 존재는 아무리 사소한 일이라도 어떤 목적을 세워서 행해야 하며, 그것은 가장 오래된 도시이자 국가인 우주의 본성과 율법을 따라야 한다.

17 인간의 삶에서 시간은 하나의 점이고, 실재는 유동적인 것이며, 그에 대한 지각은 우둔하고, 몸은 언젠가는 썩게 될 운명에 있으며, 영혼은 회오리바람 같고, 운명은 예측할 수 없으며, 명성은 위태롭다. 우리 몸은 하나의 흐름이고, 영혼에 속하는 것은 꿈결 같은 안개이며, 삶은 투쟁이

자 나그네가 걸어가는 낯선 길이다. 삶의 끝에 남는 것은 망각이다. 그렇다면 인간을 이끌 수 있는 것은 무엇인가? 오직 하나의 철학이 있을 뿐이다. 철학은 마음속에 있는 신성을 모독하거나 해치지 않고, 고통과 쾌락을 뛰어넘어 목적 없는 행동을 하지 않으며, 허위나 위선을 멀리하고, 다른 사람이 나를 위해 어떤 행동을 하거나 하지 않기를 바라지 않고, 모든 일과 모든 운명을 자기 자신이 태어난 원천에서 비롯된 것으로 알고 받아들이며, 무엇보다도 죽음을 모든 생물이 원소로 해체되어 돌아가는 일 그뿐이라고 생각하여 즐거운 마음으로 기다리게 해준다.

원소들이 매 순간 변화하고 해체되는 것은 지극히 당연하고 자연스러운 일인데 우리가 그것을 두려워해야 할 이유가 있는가. 죽음은 자연에 따라 일어나는 일이며, 자연에 따라 일어나는 일에는 아무런 해악도 없다.

그대가 신성보다 가치 없는 것에 마음을 빼앗긴다면,
온전히 그대의 소유인 선한 것을 가질 수 없다.
칭찬, 권력, 쾌락 등 외적인 것은
우리의 삶을 윤택하게 만들어주고 선에 순응하는 것처럼 보여도
일순간 우위를 점하여 우리를 압도해버린다.
그대는 다만 단순히, 자유롭게 최선의 것을 선택하라.
그리고 그것을 지켜라.

카르눈툼에서[14]

1 인간은 자신에게 주어진 하루가 매일 줄어든다는 점을 알아야 하되, 그것에 매몰되어서는 안 된다. 오래 산다고 했을 때 과연 사물의 옳고 그름을 판단하는 분별력이나 신과 인간의 일들을 파악하는 관찰력도 그만큼 지속될 수 있을지 분명치 않다. 나이가 들면 영양 섭취, 소화 작용, 상상력, 욕구 등은 전과 비슷할지라도 우리 자신을 유용케 하는 힘, 우리의 의무나 본분을 수행하는 힘, 모든 현상

14 오스트리아 동쪽 지역. 마르쿠스가 마르코만니족과 전쟁을 치르던 때에 거주하였다

을 분명히 가려내는 힘, 현세의 생활을 떠나야 할 때를 아는 힘, 기강이 올곧고 엄격한 이성을 필요로 하는 힘은 쇠퇴한다. 그러므로 우리는 서둘러야 한다. 우리가 하루하루 죽음에 가까워지는 동안 사물을 파악하고 이해하는 능력은 그보다 더 빠르게 쇠퇴하기 때문이다.

2 우리는 자연에 순응하여 만들어진 사물에는 아름다움과 매력이 있다는 것을 알아야 한다. 예를 들어, 빵을 구울 때 여기저기 갈라지는 부분은 제빵사가 의도한 바는 아니지만 일정한 모양을 갖추게 되어 어떤 아름다움을 지니고 특수한 힘으로 식욕을 자극한다. 또, 무르익어서 갈라진 무화과나 잘 익어서 거의 썩기 직전인 올리브는 독특한 아름다움을 준다. 땅을 향해 고개를 숙인 이삭, 사자의 주름진 이마, 멧돼지의 입에서 흘러나오는 흰 거품은 그 자체를 따로따로 살펴보면 아름답다고 할 것도 없지만 자연이 만든 것에서 뒤따라 생겨난 것들이므로 그 아름다움으로 사람의 마음을 즐겁게 한다.

우리가 우주에서 생성된 모든 사물에 대하여 감수성과 깊은 통찰력을 갖고 바라본다면, 아름다움을 주지 않는 것은 하나도 없다. 맹수가 입을 벌리고 이를 드러낸 모습에서도 화가나 조각가의 작품 못지않은 아름다움을 발견하게 될 것이며, 노인에게서는 원숙하고 우아한 아름다움을, 아이들에게서는 순수한 매력을 느낄 수 있을 것이다. 이 모든 것이 누구에게나 아름답게 보이지는 않겠지만 자연에 순응하고 진정으로 친밀감을 갖는 사람에게는 아름답게 보일 것이다.

3 히포크라테스[15]는 많은 병을 치료했지만 자신도 병에 걸려 죽었다. 칼다이오이족[16]의 점성술사들은 많은 사람의 죽음을 예언했지만 운명은 그들의 목숨도 앗아갔다. 알렉산드로스, 폼페이우스, 율리우스 카이사르 등은 여러 번 많은 도시를 완전히 파괴하고, 싸움터에서는 몇십만의 기병대나 보병대를 무찔렀지만 결국 그들 자신도 죽음을 맞이했다. 헤라클레이토스[17]는 만물의 근원을 불이라 보고

15 고대 그리스의 의사로, 마술과 철학에서 의학을 분리해내어 연구하고 치료의학의 기틀을 세웠다. '서양 의학의 아버지'로 불린다.

16 바빌로니아인들을 말한다.

그에 대해 깊이 사색했으나 자신은 몸속에 물이 가득 차는 병에 걸려서 진흙범벅이 된 채 죽어갔다. 데모크리토스[18]는 해충에 물려 죽었으며, 소크라테스 또한 해충에 물려 죽었다. 이것은 무엇을 뜻하는가? 그대는 이미 배에 타고 있다. 그대는 항해를 마치고 이제 바닷가에 이르렀다. 배에서 내리도록 하라. 그곳에서 다른 세상이 시작된다면 거기에도 신들이 존재할 것이다.

만일 그곳에서 아무런 감각이 없는 상태라면 그대는 더 이상 괴로움이나 즐거움에 매이지 않게 되고, 그대의 몸에 사로잡힌 노예도 아닐 것이다. 몸이란, 그것이 간직하는 것에 비하면 매우 열등하다. 영혼은 지혜이며 신성이지만 몸은 진흙이요, 부패물이다.

4 공동체의 이득을 위한 일이 아니라면 다른 사람의 일을 생각하는 데 그대의 남은 삶을 낭비해서는 안 된다. '저 사

---

17 기원전 6세기 말에 활동한 그리스 사상가. 소크라테스 이전에 주요한 철학자로 손꼽힌다.

18 기원전 5세기 말부터 4세기 초에 활동한 그리스 사상가. 원자론을 체계화하고 유물론을 제창하였다.

람은 무엇을 하고 있는가, 무엇을 말하고 있는가, 어떻게 생각하고 있는가, 무엇을 계획하고 있는가' 하는 생각에 사로잡히면 다른 일을 할 기회를 빼앗기게 된다. 이런 잡념들이 우리를 자제력의 울타리에서 벗어나게 하기 때문에 쓸데없는 일, 특히 호기심과 악의에 주의를 빼앗기지 않도록 해야 한다.

누군가가 갑자기 그대에게 "지금 무슨 생각을 하고 있는가?"라고 물어오면 당당하게 "이러저러한 일에 대해 생각하고 있다"고 대답할 수 있도록 늘 생각하는 습관을 길러야 한다. 그리하면 그대의 마음이 쾌락이나 감각적 향락으로 인해 조금도 번거롭지 않게 될 것이다. 경쟁심이나 질투심, 의심 따위를 품지 않으며 정직하게 공동체의 이득을 생각하게 될 것이다. 그대의 속마음을 털어놓을 때 얼굴을 붉힐 만한 생각을 품고 있지 않다는 점이 말에서 뚜렷이 드러날 것이다.

이런 자세로 선량한 사람들과 어울리는 자야말로 성직자나 신들의 종에 알맞다. 마음속 신성에 귀를 기울임으로써 쾌락으로 더럽혀지지 않고, 어떤 고통에도 해를 입지 않으며, 터무니없는 모욕에도 개의치 않는다. 그들은 가장 고귀한 투쟁을 하는 투사로서 어떤 격정에도 지배되지 않고, 정의감이 충만하며, 자기 몫으로 주어진 모든 운명을 기꺼이 받아들인다. 공동체의 이득을 위해 꼭 필요한 경우가 아니라면 절대로 남의 언행과 생각에 시달리지 않는데, 늘 자신에게 주어진 일들에 대해서만 생각하기 때문이다. 그 일들이 선을 실천하는 것이라는 굳은 믿음으로 최선을 다해 완수한다.

각자에게 주어진 운명은 늘 그 사람과 함께하고 또, 그 사람은 운명과 더불어 살아간다. 그는 이성을 지닌 존재를 모두 자신의 동족으로 여기고, 인간의 본성에 기초해 모든 사람을 위한 배려를 잊지 않는다. 여러 사람의 의견을 따르기보다는 자연에 순응하여 살아가는 사람들의 의견을 따라야 함을 기억하고 있다.

자연에 순응하지 않는 삶을 사는 사람들이 가정에서는 어떠한지, 가정 밖에서는 어떠한지, 낮과 밤에 어떤 이들과 어울려서 어떤 불결한 생활을 하는지를 항상 유념한다. 따라서 그는 스스로에게조차 만족을 느끼지 못하는 사람들의 칭찬에 아무런 가치를 두지 않는다.

5 무슨 일이든 억지로 해서는 안 된다. 공공의 이익을 무시해서도 안 된다. 또, 깊이 생각한 뒤에 행하되 마음을 드러내서도 안 된다. 인위적인 허식으로 자기 사상을 꾸며서도 안 되며, 말이 많아지거나 일에 매여 너무 분주해서도 안 된다.

자기 안에 깃들어 있는 신성으로 하여금 자신의 수호신이 되게 하고, 신중하게 정치에 관여하고, 로마인으로서 그리고 한 사람의 지배자로서 자기 직분을 지켜나갈 때는 언제나 생명을 내던질 각오로 전진과 후퇴를 결정해야 한다. 아무런 서약도, 어떤 사람의 증언도 필요 없게끔 묵묵히 행동하고, 남의 도움이나 남이 주는 평화를 바라서는 안 된다. 다른 사람의 힘에 의해서가 아니라 자기 힘으로 서야 한다.

6 그대가 만일 정의, 진리, 절제, 인내보다 더 선한 것을 발견한다면, 모든 일에 올바른 이성을 좇아 행동할 수 있다면 그리고 자신에게 주어진 운명을 불평 없이 따름으로써 얻는 만족보다 더 선한 것을 발견한다면, 그대는 거기에 온 마음과 온 힘을 다하라. 그대가 최선이라 생각하는 것

을 누리도록 하라. 그러나 만일 그대의 마음속의 신성보다 더 뛰어난 것, 다시 말해 그대의 모든 욕망을 통제하고 모든 인상을 정확히 비판하고, 소크라테스가 말한 것처럼 관능의 유혹에서 벗어나 완전히 신들에게 속하는 것보다 더 가치 있는 무언가를 찾을 수 없다면, 그대는 다른 무엇도 추종해서는 안 된다.

그대가 신성보다 가치 없는 것에 마음을 빼앗긴다면, 온전히 그대의 소유인 선한 것을 가질 수 없다. 칭찬, 권력, 쾌락 등 외적인 것은 우리의 삶을 윤택하게 만들어주고 선에 순응하는 것처럼 보여도 일순간 우위를 점하여 우리를 압도해버린다. 그대는 다만, 단순히 그리고 자유롭게 최선의 것을 선택하라. 그리고 그것을 지켜라. 유용한 것이 최선의 것이다. 어떤 것이 이성적 존재로서의 그대에게 유용하다면 그것을 고집해야 한다. 그러나 동물로서의 그대에게 유용하다면 배척하고 비판해야 한다. 그대의 판단을 면밀히 살펴라.

7 그대로 하여금 신의와 자존심을 잃게 하고, 시기와 증오로 저주하게 하며, 위선을 저지르게 하고, 오직 숨기려고

장벽을 세우도록 하는 일이 그대에게 이롭다고 판단해서는 안 된다. 무엇보다도 스스로의 지혜와 신성에 가치를 두면, 비극으로 신음하지 않고, 고독이나 번잡함을 필요로 하지 않으며, 특히 죽음을 바라거나 피하는 일도 없다. 자신의 영혼을 몸속에 간직하고 있는 기간이 길건 짧건 전혀 개의치 않는다. 당장 세상을 떠나게 되더라도 품위와 질서를 지키며, 일상처럼 이를 맞이한다. 살아가면서 걱정하는 것은 자신의 생각이 이성적 존재로서 부합하는가, 사회의 일원으로서 본분에 어긋나는가 그것뿐이다.

8 정화된 인간의 정신 속에는 썩은 것, 부정한 것, 상처 같은 것은 하나도 찾아볼 수 없다. 죽음이 찾아오더라도 연기를 끝마치지 않고 무대를 떠나는 배우처럼 삶을 미완으로 두고 떠나지 않는다. 그의 마음속에는 조금도 비굴한 데가 없고, 허식도 없으며, 어떤 일에 대한 강한 집착이나 무관심도 없고, 해명할 일이나 탓할 만한 일도 없으며, 피난처를 찾는 일도 없다.

9 그대의 판단력을 존중하라. 본질에 맞는가 아니한가를 판

단하는 것은 순전히 그대에게 달려 있다. 탁월한 분별력, 사려 깊음, 친화력, 신에 대한 믿음 모두 그대의 판단력에 달려 있다.

10 모든 사람은 오직 현재에 살고 그 나머지는 과거에 속하거나 불확실한 것임을 기억해야 한다. 그대가 살아가는 시간은 짧고, 지상의 공간은 좁다. 죽은 사람의 명성이 가장 길게 지속된다고 하여도 짧은 시간에 불과하고, 대대손손 그것을 전하려 드는 자들 또한 짧은 인생을 살다 갈 뿐이다. 자기 자신에 대해서도 잘 알지 못하는 자들이 오래전에 죽은 사람을 알 리가 만무하다.

11 앞서 말한 것들에 하나를 덧붙이고자 한다. 그대에게 주어진 사물은 그대 스스로 정의하고 해석해야 한다. 그 사물의 본래 이름과 본질을 분명히 하여, 그것이 다른 것과 섞였을 때 혹은 분해되었을 때 전체와 부분을 구분할 줄 알아야 하고, 변화한 양상을 말할 수 있어야 한다. 인품을 향상시키는 데 가장 유효한 것은 실생활에서 자기에게 주어진 하나하나의 사물을 충실히 검토하는 데 있다.

평소에 여러 사물을 관찰하려면 다음과 같은 면도 잘 살펴보아야 한다. 우주는 어떤 성격을 갖고 있는가, 우주 속에 나타나는 사물들의 효용과 가치는 무엇인가, 우주에 속한 시민의 입장에서 관련되는 사물은 어떤 뜻을 가지고 있는가, 사물의 본체는 무엇인가, 그 조직 구조는 어떠한가, 지금 나에게 인상을 남긴 이 사물은 언제까지 그 성질을 지속하는가, 그것이 내게 너그러움·용기·진실·충성·소박·만족 등과 같은 덕성 중 어느 것을 요구하는지 생각해보아야 한다.

그리하여 각각의 일에 대해 다음과 같이 말해야 한다. 그것은 신의 선물이다. 세상의 일이 기회와 운명에 의한 것이라면 그것은 자신의 본성과 주어진 사물의 관련을 모르는, 나의 동족에게서 온 것이다. 하지만 나는 그에 대해 무지하지 않고, 인간은 누구나 같은 겨레의 동족이라는 자연의 이치에 따라 모든 이를 애정으로 대하고, 선악을 구분할 수 없이 양면적인 것들에 대해서는 하나하나 그 가치를 확인할 것이다.

12 스스로 잘못된 길로 들어서지 않도록 경계하고, 자기 신

성을 항상 소중하게 간직하여 언제 어느 때나 돌려달라는 요구를 받으면 바로 응할 수 있도록 하며, 올바른 이성에 따라 현재 일에 힘써야 한다. 동시에 아무것도 기대하지 않고, 아무것도 두려워하지 않으며, 다만 자연에 순응하고 자신의 말 한마디에 서려 있는 위대한 진리에 만족한다면 그대는 행복하게 살 수 있을 것이다. 그리고 아무도 이를 방해할 수 없을 것이다.

13 의사들은 뜻하지 않은 일이 생길 때를 대비해 언제나 기구와 메스 등을 지니고 있다. 이처럼 그대는 신과 인간에 관련한 어떠한 일이 일어나도 둘 사이의 유대와 근본을 기억하고, 대응하기 위한 준비를 해야 한다. 인간에 대한 것은 신에 대한 것과 관련시키지 않고서는 제대로 처리할 수 없으며, 그 반대도 마찬가지이기 때문이다.

14 더 이상 정처 없이 방황하지 말라. 이미 그대는 스스로의 비망록도, 고대 로마인들과 그리스인의 전기도, 노년에 읽으려고 보관해둔 책들도 읽을 시간이 없기 때문이다. 그렇다면 그대의 눈앞에 놓여 있는 목적을 향해 내달려야

한다. 시간이 남아 있을 때 자기 일을 조금이라도 하고 싶다면 부질없는 희망은 놓아버리고 온 힘을 다해 그대 자신을 구해내라.

15 사람들은 도둑질, 씨뿌리기, 사들이기, 휴식하기, 해야 할 일에 대한 통찰 등의 말이 얼마나 커다란 의의를 갖고 있는지 알지 못한다. 이것은 육안으로 봐서는 알지 못한다. 전혀 다른 종류의 눈으로 보아야 알 수 있다.

16 여러 감각은 육체에, 여러 욕망은 영혼에, 여러 원리는 정신에 예속되어 있다. 겉모습을 통해 사물을 인식하는 것은 짐승들도 가능한 일이다. 욕망에 조종당하는 것은 야수도, 자기 스스로 여자처럼 변한 남성도, 팔라리스나 네로[19]와 같은 자들도 가능하다. 정신으로 사물의 적합함과 부적합함을 가려내는 것은 신을 믿지 않는 사람들도, 나

19 팔라리스는 기원전 6세기 중엽 시칠리아 아크라가스의 지배자로 잔인하기로 유명했다. 네로는 로마 황제로, 어머니를 죽이기까지 한 폭군이었다.

라를 배신한 자들도, 음지에 숨어서 멋대로 불의를 저지르는 자들도 가능하다.

앞서 말한 모든 것이 어떤 이에게도 주어진 것이라면, 선한 사람에게서만 발견할 수 있는 것은 무엇인가. 자신에게 주어진 운명의 사슬을 기꺼이 환영하고 받아들이는 것이다. 자신의 가슴속에 있는 신성을 소중히 하여 외부에서 들어오는 인상들로 어지럽히지 않고, 신에게 온전히 복종하여 진리에 어긋나는 말은 절대 입 밖에 내지 않으며, 정의롭지 않은 일은 절대 행하지 않는 것이다.

그가 단순하고 겸손하며 분수에 어울리는 생활을 하고 있다는 것을 사람들이 믿지 않는다고 하더라도, 그 어느 누구에 대해서도 불평하지 않고 자신의 목표를 향해 흔들림 없이 걸어 나가는 것이다. 이런 사람은 자신의 운명에 순응하고, 삶과 죽음을 있는 그대로 바라보며, 침착한 태도로 무리 없이 목표를 이룬다.

세상에서 자기 자신의 영혼보다 더 조용한 곳은 없다.
특히 자신의 내면을 들여다보기만 해도
완전한 평온을 되찾을 수 있는 지혜를 지니고 있는 사람이라면 더욱 그렇다.
평정이란 마음이 잘 정리된 상태라고 나는 생각한다.
그러므로 언제나 이 아늑한 집에서 자신을 쉬게 하고 정리하여 다시금 새롭게 하라.

1 우리가 자연에 순응하고 있을 때 우리의 이성은 모든 것을 순순히 받아들이고자 한다. 일어나는 일도, 앞으로 일어날 수 있는 일도 그러하다. 우리의 이성은 우리가 목표를 향해 나아갈 때 특별한 재료를 필요로 하는 게 아니라 여러 가지 상황을 대면하고 돌파해 나가면서 얻을 수 있는 모든 것을 유용한 재료로 사용한다. 마치 무엇을 던져 넣든 장작으로 삼아 몸집을 불리는 불과 같은데, 이럴 때 조그만 불이라면 오히려 사그라들 테지만 강한 불이라면 무엇이든 그 재료에 의해 더욱 불길이 강해지는 법이다.

2 어떤 행동이든 목적이 분명하고 그 기술의 완전한 원리에 따라야 한다.

3 사람들은 시골이나 바닷가, 산속에서 조용히 쉬기를 원한다. 그대도 언제나 그것을 바라고 있을지 모르지만 이런 생각은 자신이 평범한 사람이라고 말하는 것과 다름없다. 왜냐하면 누구나 언제든지 자신 속에서 쉴 수 있기 때문이다. 세상에서 자기 자신의 영혼보다 더 조용한 곳, 번잡하지 않은 곳은 없다. 특히 자신의 내면을 들여다보기만 해도 완전한 평온을 되찾을 수 있는 지혜를 지니고 있는 사람이라면 더욱 그렇다.

평정(平靜)이란 마음이 잘 정리된 상태라고 나는 생각한다. 그러므로 언제나 이 아늑한 집에서 자신을 쉬게 하고 정리하여 다시금 새롭게 하라. 그대가 마음속에 새기고자 하는 원칙들은 간결하고 직접적일수록 좋다. 그것들을 떠올리기만 해도 즉시 고민이 사라지고 영혼이 정화되어, 스스로 돌아가야 할 곳에 아무런 불만 없이 돌아가게 될 것이다.

그대의 불만은 무엇인가. 사람들이 지닌 악에 대한 것인가. 그대의 마음속에 다음의 말을 새겨보라. 이성적인 존재들은 서로 돕기 위해 존재한다. 서로를 감내하고 용서하는 것 또한 정의로운 행동이며, 악을 저지르는 것은 본성이 아니다. 그동안 얼마나 많은 사람이 원한과 질투와 증오 그리고 투쟁으로 인해 사라지고 흙으로 돌아갔는가를 깊이 생각하고 마음을 가라앉혀라.

그대의 불만은 이 우주에서 그대 몫으로 주어진 것들에 대한 것인가. 우주의 섭리를 따라 살아가거나 여러 원자로 분해되거나 하는 둘 중 하나의 원리가 있고, 우주는 도시나 국가와 같다는 것을 떠올려보라.[20] 아직 육체와 관련된 것들이 그대를 속박하는가. 그렇다면 정신이 육체라는 한계를 벗어나 자기 힘을 발견하면, 육체의 호흡이 부드럽든 강하든 상관없게 된다는 것과 괴로움과 즐거움에 대하여 이미 듣고 또 인정해온 모든 것을 생각하라.

명성에 대한 욕망이 아마도 그대를 괴롭힐 것이다. 생각해보라. 모든 것이 얼마나 빨리 사라지고 잊히는가를, 인생 이전과 이후에 얼마나 무한한 시간이 있는가를, 찬양과 찬양하는 것을 영광으로 생각하는 일이 얼마나 공허

---

20 스토아학파는 우주가 신, 자연, 섭리라는 동일선상의 원리로 구성되고 지속된다고 보았다. '섭리를 따라 살아간다'는 말 또한 이것을 바탕으로 하고 있다. 한편 에피쿠로스학파는 생명과 우주가 원자들의 우연한 결합과 분해로 생겨났다고 보았다.

한가를, 이 모든 것이 일어나는 공간이 얼마나 비좁은가를. 이 세계는 오직 하나의 점에 불과하다. 그 속에 있는 그대의 거처는 작은 한 모퉁이에 지나지 않는다. 그러므로 그대 자신 속에서 쉬어라. 마음을 어지럽히지 말고, 생각에 얽매이지 말며, 오직 자유롭게 한 인간으로서, 한 시민으로서, 유한한 삶을 사는 인간으로서 모든 일을 살펴야 한다.

그대는 두 가지를 마음에 새겨야 한다. 하나는 여러 사물이 그대의 영혼에 영향을 미치지 못한다는 것이다. 사물은 바깥에 있기 때문에 그대를 흔들어놓을 수 없다. 그대가 겪는 흔들림은 오직 마음속 견해에서 비롯한다. 다른 하나는 그대가 보는 모든 사물이 곧 변화하여 이윽고 없어진다는 것이다. 그대는 이런 변화를 얼마나 많이 보아왔던가. 그것을 언제나 마음에 새겨라. 우주는 변화하며, 삶은 의견에 지나지 않는다.

4 만일 지성이 우리 모두의 공통적 특성이라면, 우리를 이성적 존재로 만들어주는 이성도 우리 모두의 공통적 특성이리라. 그렇다면 우리에게 해야 할 일과 해서는 안 되는

일을 명령하는 이성 또한 공통일 것이고, 그에 대한 공통의 법칙이 존재하며, 이 세계는 공통의 질서로 묶인 하나의 공동체인 것이다. 거기에 속한 우리는 모두 동일한 시민이다. 우주는 일종의 국가다. 그 외에 어떤 공동체에 인류 전체가 속한다고 말할 수 있겠는가. 인류 전체가 속해 있는 이 국가에서 우리의 지성과 이성과 법이 생겨난다. 그렇지 않다면 이 모든 것이 어디서 생겨날 수 있겠는가.

나에게 있어서 흙으로 된 부분은 흙으로부터 주어진 몫이며, 물로 된 부분은 다른 원소로부터 주어지고, 불로 된 부분은 또 다른 특수한 원소에서 주어지고, 공기로 된 부분도 마찬가지다. 존재가 비존재(非存在)가 될 수 없듯이 무(無)에서는 아무것도 생겨나지 않기 때문에 우리의 지성 또한 다른 원천에서 오는 것이다.

5 죽음은 탄생과 마찬가지로 자연의 한 과정이다. 원소들이 결합하는 것이 탄생이고, 분해되는 것이 죽음이니 이에 대해 부끄러워할 필요가 없다. 이성적인 존재의 본성에 어긋나지 않고 우주의 원리와 법칙에도 어긋나지 않기 때문이다.

6 사람들이 서로 다르게 생각하고 행동하는 것은 본성에 따른 자연스러운 일이다. 만일 누군가가 이를 거부하고 싶다면 그는 무화과나무에 진액이 흐르지 않기를 바라는 것과 같다. 이것을 마음에 새겨라. 그대는 짧은 인생을 살다가 죽을 것이고, 그 또한 마찬가지일 것이다. 그리고 이름조차 흔적도 없이 사라질 것이다.

7 자기 의견을 버려라. 그리하면 "피해를 입었다"는 불평도 하지 않게 된다. 그 불평이 사라지면, 피해 또한 사라진다.

8 그 사람을 더 나쁘게 만들지 못하는 일은 더는 그의 삶을 악화시킬 수 없으며, 외적으로나 내적으로나 해를 끼치지 못한다.

9 본성적으로 유용한 사물은 반드시 유용한 일을 한다.

10 이 세상의 모든 일은 정당한 이유로 생겨난다는 것을 기억하라. 그대가 주의 깊게 관찰한다면 이 사실을 발견하게 될 것이다. 나는 모든 일의 인과관계가 정확하다는 것

만 말하는 것이 아니라, 만물에 가치를 부여하는 그분이 행하는 일처럼 정당하다는 것을 말하는 것이다. 그대는 계속 깊이 살펴보라. 그리하여 무엇을 하든지 선한 사람이 될 것을 목표로 삼고 행동해야 한다. 어떤 행동을 하든 이 점을 마음 깊이 새겨라.

11 그대에게 잘못을 저질렀거나 또는 그대가 잘못을 저지르기를 바라는 사람과 같은 의견을 갖지 말라. 오직 진리에 비추어서 있는 그대로의 모습을 보라.

12 그대는 언제나 다음의 두 가지를 마음에 새기고 활용할 수 있도록 준비해야 한다. 그 하나는 지배와 입법의 권한이 있는 자로서 인류의 이익을 위해서만 명령을 내릴 것. 또 하나는 만일 어떤 이가 그대의 망상을 없애주고, 그대의 그릇된 견해를 씻어준다면 아낌없이 의견을 바꿀 것. 그러나 의견을 바꿀 때는 정의나 공동체의 이익과 같은 어떤 확실한 이유가 있어야 하며, 그것이 단지 기분에 따른 것이라든가 명예를 가져온다는 이유여서는 안 된다.

13 “그대에게는 이성이 있는가?” 물론이다. “그러면 어찌하여 그것을 쓰지 않는가? 만일 이성이 제구실을 한다면 더 이상 무엇을 바라겠는가?”

14 그대는 지금까지 우주의 일부로서 존재해왔다. 그대는 곧 그대를 낳아준 우주 속으로 다시 사라져야 한다. 아니, 그대는 수많은 변화의 과정을 통해 우주의 본원(本源) 속으로 돌아가게 될 것이다.

15 하나의 제단 위에 떨어지는 유향(乳香)의 낱알에도 먼저 떨어지는 것이 있고 나중에 떨어지는 것이 있다. 그러나 결국은 아무런 차이도 없다.

16 만일 그대가 원칙과 이성을 존중한다면 지금 그대를 한 마리 야수나 원숭이로 보고 있는 사람들의 눈에는 열흘 안에 그대가 하나의 신으로 보일 것이다.

17 천년만년 살 수 있을 것처럼 행동하지 말라. 죽음이 그대 곁으로 다가오고 있다. 그러므로 살아 있는 동안에, 힘이

남아 있는 동안에 선한 일을 하라.

18 이웃 사람의 말과 행동, 생각을 알려 애쓰지 말고, 오로지 자기 자신이 하는 일을 올바르고 순결하게 하려고 노력하는 사람이어야 괴로움이 없을 것이다. 아가톤[21]이 말한 바와 같이, 남의 타락에 눈 돌리지 말고 다만 스스로 바른길에서 벗어나지 않도록 해야 한다.

19 죽은 뒤의 명성에 지나치게 집착하는 사람은, 그를 기억하는 사람들도 곧 죽음에 이르고, 그들의 후대 또한 죽음을 피할 수 없으니 결국 아무런 의미도 없는 일을 위하는 것이다. 찬양이나 칭송이 죽은 자에게 무슨 가치가 있는가. 죽은 자에 한해서만 말하는 것이 아니다. 산 자에게는 그것이 무슨 가치가 있는가. 명성을 기억하는 사람들이 영원히 생존한다고 가정하더라도 이것이 무슨 가치가 있는가. 칭찬이 어떤 분명한 이득을 갖지 못한다면 도대체

21 기원전 5세기경 그리스의 시인. 새로운 이야기와 인물, 반음계의 음형을 사용하는 등의 다양한 시도들로 비극의 대개혁자로 불린다.

무슨 소용이 있는가. 명성과 평판에만 매달린다면 그대에게 주어진 자연의 선물을 부당하게 밀어내고 헛된 것에 집착하고 있는 셈이다.

20 무엇이든 고유의 아름다움을 지닌 것은 그 자체로 아름답다. 그것은 외부에서 오는 칭찬이나 평판을 필요로 하지 않는다. 칭찬으로 인해 더욱 좋아지기도 하지만 더욱 나빠지기도 한다. 세상 사람들이 아름답다고 말하는 사물, 예컨대 자연이나 예술 작품에 대해서도 나는 이렇게 주장한다. 참으로 아름다운 것은 다른 아무것도 필요로 하지 않는다. 법칙도, 진리도, 사랑도, 겸손도 모두 그렇다. 이 중에서 칭찬 덕분에 아름다워지고, 또 비난받았기 때문에 더러워진 것이 있는가. 에메랄드가 칭찬을 받지 않으면 밉게 보이겠는가. 황금, 상아, 자줏빛 예복, 하프, 검, 꽃나무도 그러하겠는가.

21 죽음 이후 육체는 사라져도 영혼은 남아 있다면, 하늘은 태곳적부터 그 오만한 영혼들을 어떻게 다 품어왔는가. 대지는 오랜 옛날부터 묻힌 시체를 어떻게 다 받아들여

왔는가. 대지에 묻힌 유해는 일정한 기간이 지나면 분해되어 다른 이에게 자리를 내어준다. 마찬가지로 대기 중으로 떠오른 영혼들은 거기에 머물다가 분해되어, 불의 성질로 우주의 본원에 이르러서 새로운 영혼에 자리를 내어주는 것이다. 이것이 영혼불멸설에 대하여 인간이 내릴 수 있는 해답이다.

그러나 우리는 땅속에 묻힌 사람의 수만을 생각해서는 안 된다. 날마다 인간이나 다른 동물에게 잡아먹히는 동물의 수도 셈해야 한다. 얼마나 많은 동물이 인간이나 다른 동물의 뱃속에 파묻히는 것인가. 잡아먹힌 동물들은 핏속으로 흡수되고 공기나 불로 분해되어 다른 동물들에게 자리를 내어준다. 이 문제에서 진리를 탐구하는 방법은 무엇인가. 물질적인 것과 원인을 구별해야 한다.

22 방황하지 말고, 행동 하나하나에 정의를 요구하며, 떠오르는 생각들 중에서 분명한 것만을 남겨두어라.

23 오, 우주여, 너와 조화를 이루는 모든 것은 나와도 조화롭구나. 너에게 알맞은 시기라면 나에게도 빠르거나 늦지

않다. 오, 자연이여, 너의 계절들이 가져다주는 모든 것은 나에게도 결실이다. 만물은 너에게서 태어나며, 너의 품속에 있고, 너에게로 돌아간다. 시인은 '케크롭스의 도시'라고 말했지만 너는 '그리운 제우스의 도시'라고 말하지 않겠는가.[22]

24 평온을 찾고 싶다면 많은 일에 관여하지 말라고 철학자는 말한다. 하지만 이보다는 반드시 해야 할 일과 본디 사회적인 동물인 우리의 이성이 요구하는 대로 행하라고 말하는 것이 더 낫지 않은가. 그렇게 했을 때 많은 일에 관여하지 않았다는 데서 오는 평온뿐만 아니라 훌륭한 일을 했다는 데서 오는 만족 모두를 가져오기 때문이다.

우리가 말하고 행동하는 것의 대부분은 불필요하며, 그런 부분을 버린다면 시간과 여유는 늘어나고 불안은 줄어들 것이다. 그러므로 어떤 일을 할 때는 항상 "불필요한 일

---

22 시인 아리스토파네스(BC 455?-385?)의 글에서 인용한 부분이다. '케크롭스'는 아테네를 창건한 전설상의 왕이다. '그리운 제우스의 도시'는 우주를 뜻한다. 마르쿠스는 만물의 근원을 우주, 자연, 제우스로 표현하기도 했다.

의 하나가 아닌가"를 스스로 물어보아야 한다. 더욱이 인간은 불필요한 행위뿐만 아니라 불필요한 생각까지도 버려야 한다. 이렇게 하면 부질없는 일들이 사라질 것이다.

25 선한 이의 삶, 즉 우주에서 자기에게 주어진 것에 만족하고, 자기 자신의 올바른 행위와 자애로운 성격에 만족하는 삶이 그대에게 어떻게 적용되는가를 살펴보라.

26 그대가 이미 이쪽의 사물들을 보았다면 이제는 저쪽의 사물들도 보아야 한다. 마음을 어지럽히지 말고 몸가짐을 단순하게 해야 한다. 누가 그대에게 해를 끼치는가. 그것은 해를 끼치는 자에게로 돌아간다. 그대에게는 어떤 일이 일어났는가. 그대에게 일어난 모든 일은 태초부터 우주에서 그대에게 주어진 몫이다. 한마디로 말하자면 그대의 생명은 짧다. 그대는 이성과 정의를 통해서 현재를 움켜잡아라. 마음을 편히 가지고 깨어 있으라.

27 질서정연하든 뒤죽박죽이든 모두가 하나의 우주이다. 그 전체를 관통하는 분명한 질서가 존재한다. 만일 우주 전

체가 무질서하다면 그대의 내면에 질서가 어찌 존재하겠는가. 만물은 이토록 분리되고 흩어져 있으면서도 연결되어 조화를 이룬다. 그것은 질서가 있기에 가능한 일이다.

28 음흉한 성격, 비겁한 성격, 완고한 성격, 짐승 같고 어린애 같으며, 우둔하고 거짓이 많으며 뻔뻔스럽고 기만적이며 포악한 성격.

29 우주 속에 존재하는 바를 모르는 사람을 가리켜 우주에 대한 문외한이라고 한다면, 우주 속에 무슨 일이 있는지를 모르는 사람도 마찬가지다. 공동체의 이성을 외면하는 자는 도망자다. 이성의 눈을 감아버리는 자는 맹인이다. 생활에 필요한 것을 스스로 얻지 못하고 다른 사람의 도움에 의존하는 자는 가난뱅이다. 이 세상에서 일어나는 일들이 마음에 들지 않는다고 인간의 보편적 성질인 이성을 거부하는 자는 우주 한 귀퉁이에 난 부스럼이다. 그 자신도, 그 일들도 모두 동일한 이성에서 생겨났기 때문이다. 자신의 영혼을 우주와 이성으로부터 분리하려는 자는 국가에서 떨어져 나간 한 조각에 지나지 않는다.

30 어떤 철학자는 변변한 옷 한 벌이 없으며, 어떤 철학자는 책 한 권도 없다. 또 어떤 철학자는 반나체이지만 이렇게 말한다. "나는 빵은 없지만 이성에 의해 살아간다." 나 또한 학문으로 생계를 꾸릴 순 없지만 이성으로 살아간다.

31 비록 보잘것없는 것이라도 그대가 배운 기술을 존중하고 이에 만족하라. 그리고 그대 자신을 폭군이나 노예로 삼지 말고, 온 정신을 기울여 신을 섬기는 사람처럼 남은 인생을 보내도록 하라.

32 예를 들어 베스파시아누스 시대를 생각해보자. 그때에도 지금과 똑같은 일이 일어났다. 사람들은 결혼을 하고, 자식을 기르고, 병들고, 죽고, 싸우고, 연회를 열고, 거래를 하고, 땅을 일구고, 아첨을 하고, 교만을 부리고, 시기와 질투를 일삼고, 음모를 꾸미고, 남의 죽음을 바라고, 현실에 투덜거리고, 연애를 하고, 재물을 쌓고, 집정관이 되기를 바라고, 왕권을 탐냈다. 그런데 그 시대 사람들은 오늘날 아무도 존재하지 않는다. 트라야누스 시대로 옮겨가보아도 마찬가지다. 그들의 삶 또한 지나가버렸다. 여러 나

라의 여러 시대를 살펴보라. 그리하여 얼마나 많은 사람이, 그 노력이 순식간에 허물어졌는지를 보라. 그대는 가까운 사람들의 일을 생각해보아야 한다. 그들은 하찮은 일 때문에 마음을 어지럽히고, 자기 본성에 따르는 것을 게을리했으며, 이런 삶의 방식을 고집하여 만족을 느끼지 못했다. 여기서 마음에 새겨야 할 것은 모든 일은 그 각각의 가치에 따라 시간과 노력을 쏟아야 한다는 것이다. 이렇게 하면 헛된 일에 시간과 노력을 낭비하지 않고 불만을 느끼지 않을 것이다.

33 과거에 사람들이 자주 사용하던 표현 중에 지금은 사용하지 않는 것들이 많다. 마찬가지로 옛날에 유명했던 사람들의 이름도 오늘에 와서는 어느 의미에서 낡아버렸다. 카밀루스와 카이소, 볼레수스와 덴타투스 이후에 스키피오와 카토, 아우구스투스와 하드리아누스와 안토니누스가 그렇다.[23] 모든 것이 곧 지나가버리는 하나의 이야기일

23 카밀루스와 카이소와 볼레수스와 덴타투스 모두 로마 공화정 시대의 위대한 인물들이다. 이후에 스키피오는 제2차 포에니 전쟁 때 한니발을 이

뿐 망각이 그들을 묻어버린다. 내가 말한 것은, 세상을 빛내고 이름을 떨치던 사람들에 대해서다. 그 밖의 사람들은 숨을 거두자마자 자취를 감추고, 어느 한 사람도 그들을 기억하지 않는다. 영원히 기억한들 무슨 소용이 있겠는가. 아무것도 없다. 우리가 참으로 노력해야 할 것은 단 하나다. 올바른 생각, 사회적인 행동, 거짓 없는 말 그리고 모든 일을 필연으로서, 일상적인 것으로서, 자기와 같은 원리와 본원에서 비롯된 것으로서 기꺼이 받아들이는 마음가짐이다.

34 그대 자신을 기꺼이 운명의 여신 클로토[24]에게 맡겨, 그 여신이 그대의 실을 마음대로 짜도록 하라.

35 기억하는 모든 것도, 기억하는 모든 자도 하루 일에 불과하다.

긴 장군이고, 카토는 로마 공화정 말기의 정치가로 위세를 떨쳤다. 아우구스투스는 로마의 초대 황제다. 하드리아누스 또한 로마 황제였던 인물이며, 안토니누스는 마르쿠스의 양친을 가리킨다.

24 클로토는 '베 짜는 자'라는 의미를 지니며, '나누어주는 자' 라케시스, '되돌릴 수 없는 자' 아트로포스와 함께 운명의 세 여신으로 불린다.

36 만물은 언제나 변화에서 비롯한다는 것을 기억하고, 우주는 현재의 여러 사물을 변화시켜서 새로운 것을 만들어내는 일을 무엇보다도 좋아한다는 점을 명심하라. 현재 존재하는 사물들은 앞으로 존재할 사물들의 씨앗이다. 허나 그대는 오직 대지나 모태에 뿌려지는 것만을 씨앗으로 생각하고 있다. 아둔한 생각이 아닐 수 없다.

37 머지않아 그대는 죽는다. 그럼에도 그대는 아직도 번뇌 속에서 헤매이며 외부의 것들에 해를 입지 않을까 하는 의심을 버리지 못하고 있다. 모든 사람에게 친절을 베풀지도, 정의로운 일에 지혜를 쓰지도 못하고 있다.

38 사람들을 지배하고 있는 이성을 검토하고, 현자들이 무엇을 회피하고 무엇을 추구하는지를 살펴보라.

39 그대에게 해로운 것은 다른 사람을 지배하고 있는 이성 속에도, 그대를 둘러싸고 있는 환경의 변화 속에도 있지 않다. 그것은 어디에 있을까. 바로 그대의 한 부분, 사물의 해악을 판단하는 능력에 있다. 그 능력으로 하여금 판

단하게 하지 말라. 그리하면 모든 것이 좋아진다. 그리고 그 능력에 가장 가까운 그대의 육체가 잘리고, 불에 타고, 고름과 부패로 가득 찰지라도 그런 의견을 형성하는 부분은 가만히 있도록 해야 한다.

다시 말하면 그 능력으로 하여금 악인과 선인을 구분하지 말고, 누구에게나 평등하게 일어나는 일에 대해서도 선악을 판단하지 못하게 하라. 자연에 어긋나는 생활을 하는 자에게도 자연에 순응하는 생활을 하는 자에게도 평등하게 일어나는 것은, 자연에 순응하는 것도 아니며 또 자연에 어긋나는 것도 아니다.

40 우주는 하나의 실체와 하나의 영혼으로 움직이는 존재임을 언제나 잊지 말라. 만물은 우주가 하나의 살아 있는 존재라는 지각으로 돌아가고, 우주의 움직임 한 번으로 모든 것이 이루어지며, 지금 존재하는 만물은 앞으로 존재하게 될 모든 만물의 원인이 된다는 것을 알라. 그에 따라 만물은 수많은 실로 짠 그물 같다는 것을 기억하라.

41 에픽테토스가 말한 것처럼 그대는 시신을 끌고 다니는 작

은 영혼에 지나지 않는다.

42 변화하는 사물 중에 악한 것은 없으며, 변화의 결과로 존재하는 사물 중에 착한 것은 없다.

43 시간은 여러 가지 사건으로 이루어진 강물과 같다. 특히 격류와 같다. 하나의 사물이 나타나는가 하면 곧 흘러가고 다른 사물이 오며, 그 또한 곧 흘러가버리기 때문이다.

44 만물은 마치 봄날의 장미나 여름철의 과일처럼 친숙한 것이다. 질병도, 죽음도, 재앙도, 반역도, 어리석은 사람들을 기쁘게도 슬프게도 하는 모든 것이 그러하다.

45 사물의 연속적인 계통에 의하여 뒤에서 계속되는 것은 언제나 앞에서 있던 것과 통일성을 지닌다. 이러한 계통은 다만 연속성을 지닌 단편적인 사물들이 시간 속에 나열되는 것이 아니고, 이성으로 서로 연결되어 있다. 존재하는 모든 사물이 조화롭게 배열되어 있는 것처럼, 이윽고 존재하게 될 여러 사물도 단순히 연속되는 것이 아니라 밀

접한 통일성을 지니는 것이다.

46 헤라클레이토스가 "흙은 죽어서 물이 되고, 물은 죽어서 공기가 되며, 공기는 죽어서 불이 되고, 불이 죽으면 흙이 되는데 이는 순서를 바꾸어도 마찬가지다"라고 했던 말을 언제나 기억하라. 또한 그는 사람들은 이 길이 어디에 이르는지를 잊고 있으며, 이성에 대해 가장 자주 토론을 하면서도 이성이 우주를 지배한다는 것을 모르고, 날마다 마주치는 것이 그들에게는 낯설어 보인다고 했다.

우리는 꿈속에서도 스스로의 말과 행동처럼 생각하기 때문에, 살아가면서 꿈속에 사는 사람처럼 말하고 행동해서는 안 되며, 부모가 알려준 것들을 단순히 형식적으로만 따라서는 안 된다는 그의 말을 마음에 새겨야 한다.

47 만일 어떤 신이 내일이나 모레 반드시 그대가 죽게 된다고 말하더라도, 그대가 가장 천박한 인간이 아니라면 그것이 내일이건 모레이건 신경 쓰지 마라. 사실 그 차이란 얼마나 보잘것없는가. 마찬가지로 그대가 내일 죽는 대신에 몇 해를 더 살다 죽는다 해도, 이를 절대 중요한 일로

생각하지 마라.

48 이것을 언제나 마음속에 새겨두라. 얼마나 많은 의사가 환자를 살리기 위해 얼굴을 찌푸리며 안간힘을 다하다 죽어갔는가를, 얼마나 많은 점쟁이가 남의 죽음을 떠들썩하게 예언하다가 덧없이 죽어갔는가를, 얼마나 많은 철학자가 죽음과 불멸에 대하여 논쟁을 벌이다 죽어갔는가를, 얼마나 많은 영웅이 무수한 생명을 살육한 뒤에 죽어갔는가를, 얼마나 많은 폭군이 스스로가 불멸의 화신인 것처럼 함부로 권력을 휘두르다 죽어갔는가를, 또 헬리케와 폼페이, 헤르쿨라네움을 비롯해서 얼마나 많은 도시가 멸망했던가를 말이다.

일찍이 그대가 알고 있던 사람들을 하나하나 손꼽아보라. 한 사람이 다른 한 사람을 묻은 뒤에 또 다른 사람이 그를 묻는다. 그것도 짧은 시간 안에 일어나는 일이다. 삶은 얼마나 덧없는가. 어제는 작은 점액질이던 것이 내일은 미라가 되고 또 싸늘한 재가 된다. 이 짧디짧은 시간 동안 자연에 순응하고, 마치 올리브 열매가 여물었을 때에 자기를 낳아준 자연을 축복하고 자기를 키워준 나무에게 감사하면서 떨어지는 것처럼 만족스러운 마음으로 그대의 여정을 끝맺도록 하라.

49 언제나 사나운 물결에 부딪히면서도 꿋꿋하게 서 있는 파도처럼, 주위의 사나운 물결을 고요하게 다스리는 바위처럼 돼라. '이런 일을 당하다니 나는 얼마나 불행한가'라고 생각하지 말라. '이런 일이 일어났음에도 나는 괴로움에 사로잡히지 않고 미래에 일어날 일도 두렵지 않다. 이런 일이 일어났기에 오히려 행운이다'라고 생각하라.

그대는 인간의 본성에서 비롯한 일을 불행이라고 부를 것인가. 물론 그대는 인간의 본성과 그 목적에 대해 이미 잘 알고 있다. 정의롭고, 지혜로우며, 정직하고, 겸손하며, 자유로운 것이다.

그대에게 일어난 일이 그대를 방해하여 의롭지 못하게 하고, 천박한 생각과 허위를 삼가지 못하게 하는 것인가. 앞으로는 이렇게 생각하라. 그대를 고뇌에 빠뜨리는 일이 일어날 때마다 이러한 생각으로 그대 자신을 바로 세워라. "이것은 불행이 아니며 이것을 용감하게 참고 견디는 것은 오히려 행운이다."

50 악착같이 삶에 집착하고 있는 사람들을 관찰하는 것은 천한 일이지만 죽음을 대수롭지 않게 여기는 데는 유용하다. 그들은 일찍이 세상을 떠난 사람들보다 얼마나 많은 것을 소유했는가. 하지만 그들도 분명 무덤 속에 드러눕게 된다. 카디키아누스, 파비우스, 율리아누스, 레피두스 같은 부류의 사람들도 다른 많은 사람을 무덤에 잠들게 했으나 결국 자신들도 무덤에 드러누웠다.

탄생과 죽음 사이는 짧다. 그럼에도 얼마나 많은 성가신 일을 당하며, 얼마나 많은 교제를 하며, 연약한 몸으로 얼마나 많은 고통의 시간을 견뎌야 하는지를 잘 생각해보라. 이러한 삶을 조금이라도 더 연장하려고 애쓰지 말라. 그대 뒤에 있는 끝없는 시간과 그대 앞에 있는 끝없는 시간을 바라보라. 이 끝없는 시간 속에서 3일을 사는 것과 네스토르[25]처럼 삼대에 걸쳐 사는 것에 어떤 차이가 있겠는가.

51 언제나 가장 짧은 길을 달려가라. 그 짧은 길이야말로 자

25 그리스 신화에 자주 등장하는 그리스군의 최고령 장군으로, 노련하고 현명한 노인의 상징이다.

연이다. 그리하여 가장 건전한 이성을 좇아서 말하고, 모든 일을 행하라. 그것을 목표로 삼으면 인간은 번거로움과 투쟁과 모든 기교와 헛된 자랑에서 해방된다.

"나는 지금 나의 영혼을 어디에 쓰고 있는가?"
우리는 언제나 이렇게 스스로에게 물어보아야 한다.

1 아침에 일어나기가 싫거든 다음과 같이 생각하라. 나는 한 인간으로서의 임무를 다하기 위해 일어나는 것이라고, 그 일을 하기 위해 태어났고 그 일을 위해 세상에 왔는데 여전히 불만스러운가. 잠옷을 입은 채 자리에 드러누워 몸을 따뜻이 녹이기 위해 이 세상에 왔단 말인가. 이렇게 지내는 게 무엇보다 즐겁다는 것을 알고 있다. 하지만 그대는 오직 쾌락을 얻기 위해 존재하고, 활동하거나 노력할 이유가 없는가. 꽃을 피우는 식물과 작은 새와 개미, 거미와 꿀벌과 같은 모든 생명이 저마다의 자리에서 질서를 세우기 위해 얼마나 협동하고 있는지를 그대는 보지 못하는가. 그런데도 자연과 본성에 따라, 인간으로서 해야 할 일을 하기를 거부하겠다는 것인가.

물론 휴식도 필요하다. 반드시 휴식은 필요하다. 하지만 자연은 휴식에 대해 일정한 한계를 정해놓았다. 자연은 먹고 마시는 데도 한계를 정해놓았지만 그대는 그런 한계를 훨씬 넘어서 그보다 많은 걸 누리고 있다. 그러나 행동에 있어서는 그렇지 않아서, 그대는 자기가 할 수 있는 일을 하지 않는다. 문제는 그대가 자신을 사랑하지 않는다는 것에 있다. 만일 스스로를 사랑한다면, 분명 자신의 본성과 그 의지도 사랑했을 것이다.

자신의 일과 기술을 사랑하는 사람들은 목욕도, 식사도 거르고 그것에만 전념한다. 그런데 그대는 선반공이 자신의 기술을 존중하는 만큼도, 무용가가 자신의 기술을 존중하는 만큼도, 구두쇠가 돈을 존중하는 만큼도, 허영심이 강한 자가 조그만 허영을 존중하는 만큼도 그대의 본성을 존중하지 않는다. 그런 사람들은 자신이 애착을 갖고 있는 어떤 일을 이루기 위해서는 음식과 잠까지 포기한다. 그런데 그대의 눈에는 공동체에 유익한 행위가 중요하지도 않고 힘을 쏟을 가치도 없다고 생각하는 것인가.

2 성가시고 귀찮은 모든 잡념을 깨끗이 털어버리고 마음을

안정시키는 것은 유쾌한 일이다.

3 자연의 본성에 따르는 모든 말과 행동은 그대에게 합당한 것이다. 남의 말이나 비난에 휘둘려서 의심하거나 망설여서는 안 된다. 다만 그 말과 행동이 선한 것이라면 그대에게 가치 없다고 생각하지 말라. 그들에게는 스스로를 다스리는 이성이 있고 그에 따라 행동하는 것이니, 그대는 그들의 말과 행동에 신경 쓰지 말고 오직 그대 자신의 본성과 자연의 본성에 따라 똑바로 나아가야 한다. 그렇게 하면 그대 자신의 본성과 자연의 본성, 두 갈래의 길이 하나로 합쳐진다.

4 나는 자연에 순응하는 태도로 땅 위에 쓰러져 잠들 때까지 앞으로 나아가겠다. 나의 호흡은 내가 날마다 들이마신 공기의 원천인 원소로 되돌아가고, 육체도 땅속으로 되돌아간다. 땅에서 나의 아버지는 씨를 모으고, 어머니는 피를 모았으며, 유모는 젖을 모았다. 나는 오랜 세월 동안 땅으로부터 음식을 공급받았으며, 내가 그 위를 짓밟고 여러 목적을 위해 함부로 썼음에도 땅은 잘 참아주었다.

5 사람들이 그대의 뛰어난 재능을 칭찬해주지 않을지라도 그대에게는 다른 많은 미덕이 충분하며 타고난 것이 아무것도 없다고 말할 수는 없다. 그대의 역량 속에 있는 성실함, 엄격함, 노동에 대한 인내, 쾌락을 싫어하는 마음, 허영심에 대한 경계, 자신의 운명에 순응하는 태도, 자애로움, 솔직함, 검소함 등을 보여주어라.

이미 그대에게는 태어나면서부터 지니고 있는 많은 미덕이 있고, 그대가 원한다면 얼마든지 그 능력들을 바깥으로 드러낼 수 있다. 그런데도 타고난 재능이 없다고 변명하거나 낮은 기준의 한계를 만들 것인가. 이에 그치지 않고 그대 자신의 운명에 불평하고 인색하게 굴며, 아첨하고, 빈약한 육체를 탓하며, 허세를 부리고, 마음속에 불안을 안고 살아가며 이 모든 것을 합리화하고자 하는가.

그래서는 안 된다고 단호하게 말하겠다. 만일 그대가 진실로 조금 둔하고 느리다면 그대는 스스로의 결점을 무시하거나 덮어버리려고 하지 말고, 자기 자신을 채찍질하여 극복해야 한다. 그리하면 이 모든 것을 떨쳐버릴 수 있을 것이다.

6 어떤 사람은 남에게 친절을 베풀면 그에 대한 보답을 계산한다. 또 어떤 사람은 이처럼 보답을 바라지는 않으나 자기가 베푼 것을 기억하여 상대방을 채무자처럼 여긴다. 또 어떤 사람은 자기가 베푼 것조차 거의 기억하지 못하는데, 그는 마치 포도덩굴처럼 열매를 맺어 적당히 익게 되면 아무것도 바라지 않는다. 목적지를 향해 달려가는 경주마나 사냥감을 추격하는 개, 꿀을 모으는 벌처럼 이런 부류의 인간은 자신이 행한 선한 일에 대하여 남들에게 아무것도 바라지 않는다. 다만 그는 계절이 지나서 포도덩굴이 다시 열매를 맺는 것처럼 새로운 선행을 하러 가는 것이다.

"그렇다면 인간은 이와 같이 자기가 하는 일을 거의 의식하지 않고 있어야 하는가." 그렇다. 사람은 자기가 무슨 일을 하고 있는지 분명히 인식하고 있어야 한다. 스스로가 공동체 정신에 부합하는 일을 하고 있다는 것을 안다면, 다른 구성원들 또한 그것에 대해 알게 하려는 것이 사회적인 동물이 지닌 특성이기 때문이다.

"그대의 말은 옳다. 허나 지금 그대는 내가 한 말의 의미를 제대로 이해하지 못하고 있다. 그대 또한 내가 앞서 말한 사람들과 같은 부류에 속해 있는 것이다. 그들은 추리를 하다가 미로에 빠졌다. 만일 그대가 내 말의 참된 의미를 이해한다면, 공동체 정신에 부합하는 일을 행하는 데 극진할 것이다."

7 아테네 사람들의 기도—"오, 제우스 신이시여, 아테네 사람들의 경작지와 들에 비를 내려주소서." 우리는 이런 기도를 해서는 안 된다. 그러나 만일 기도해야 한다면 이렇게 단순하고 솔직하게 하라.

8 전설로 내려오는 것처럼 아스클레피오스[26]는 어떤 사람에게는 말 타기를, 어떤 사람에게는 냉수욕을, 또 어떤 사람에게는 맨발로 걷기를 처방했다. 자연은 어떤 사람에게는 질병을, 어떤 사람에게는 불구를, 어떤 사람에게는 죽음을, 또 어떤 사람에게는 그 밖의 것을 처방했다고 이해할 수 있다. '처방했다'는 것에 다른 의미가 있는데, 전자의 경우에는 건강을 회복하는 데 필요한 것으로서 그런 방법을

26 그리스 신화에 등장하는 의술의 신.

일렀다는 뜻이고, 후자의 경우에는 저마다에게 일어나는 일들이 운명에 따라 정해져 있다는 뜻이다. 어떤 일이 우리에게 알맞다고 하는 것은 석공(石工)들이 장벽이나 피라미드를 쌓을 때 돌들에 대하여 '잘 맞는다'고 말하는 것과 같으며, 사물과 조화를 이루고 적합한 것을 의미한다.

만물은 결국 하나의 조화를 이룬다. 우주가 하나의 완성체가 되려면 모든 사물과 현상이 조화를 이루어야 하는 것처럼, 사람의 운명 또한 모든 원인이 결합한 하나의 원인을 이루어야 한다. 무지몽매한 사람들도 "그에게는 그러한 운명이 약속과도 같은 것이다"라고 말하는 것을 보면, 이는 누구나 알고 있는 세상의 이치임이 분명하다. 사람에게 어떠한 운명이 주어진 것은 누군가가 그에게 그렇게 처방한 것이라는 뜻이다. 그러므로 우리는 저마다에게 처방된 운명을 받아들이면 된다. 마치 아스클레피오스의 처방에 따르는 것처럼 말이다.

물론 그 처방 속에는 불쾌한 것이 많이 들어 있지만, 우리는 건강을 바라는 마음에서 그것을 받아들인다. 자연이 보편적으로 선하다고 여기는 일들에 대해서는 그대 자신의 건강과 마찬가지라고 생각하고 기꺼이 환대해야 한다.

그것은 우주의 건강을 위해 제우스가 직접 관여하여 그대에게 처방한 것이기 때문이다. 제우스는 우주에 유익하지 않은 것은 그 누구에게도 처방하지 않는다. 그대가 어떤 본성을 지니고 있든 그것이 그대에게 알맞지 않은 일을 일어나게 하지는 않는다.

그대에게 일어나는 일에 만족하는 것이 옳다고 말하는 이유는 다음과 같다. 첫째, 그것이 그대를 위해 처방된 것이고, 또 어느 의미에서는 태초의 여러 원인이 그것을 그대의 운명에 결부시켜 놓았기 때문이다. 둘째, 각자에게 일어나는 일들은 우주를 다스리는 힘이 완전하고 지속될 수 있도록 해주는 원인 그 자체이기 때문이다.

그대가 만일 우주를 결합하고 지속시키는 원인들 중 아주 작은 부분이라도 떼어낸다면 그 전체의 근간이 흔들린다. 그대가 자신에게 일어나는 일에 대해 불만스러울 때마다 그 부분을 잘라낸다면 그대로 우주와 단절되는 것이다.

9 정당한 원리에 따라 일했으나 성공하지 못한다고 해도 싫증을 부리거나 의기소침하거나 좌절하지 말라. 다시 제자리로 돌아가서 반복해서 시도하고, 그대가 정당한 원리를

지키기 위해 행한 노력들을 사랑하라. 철학을 고집불통의 스승처럼 생각하지 말고, 눈병을 앓는 사람이 해면이나 달걀을 찾는 것처럼, 또 아픈 사람이 고약이나 물약을 쓰는 것처럼 생각하라. 그렇게 하면 그대는 이성을 좇아도 손해 보지 않을 것이며, 이성 속에서 쉴 수 있을 것이다.

더욱이 철학은 그대의 본성이 원하는 것들만을 원하지만 그대는 자신의 본성에 부합하지 않는 것들을 원한다는 것을 기억하라. 물론 그대에게 그 일들이 쾌락을 가져다줄 테지만 그것이 우리가 쾌락이라는 함정에 빠지는 이유다. 그러므로 잘 생각해보라. 너그러움, 자유로움, 소박함, 평온함, 경건함과 같은 것이 그대를 더 즐겁게 해주는 것이다. 순리에 의한 것이자 지혜로운 것이므로 즐거움을 얻을 수 있는 확실한 방법이다.

10 우주의 만물은 뛰어난 철학자들에게도 전혀 알 수 없는 것으로 보였다. 심지어 스토아학파의 철학자들도 깨우치기 어렵다고 생각했다. 실제로 우리가 알고 있는 것들에 대한 우리의 판단이 틀린 경우가 많다. 단 한 번도 틀린 적이 없는 사람이 있는가. 그대의 생각을 대상 자체로 돌려

보라. 그것은 더러운 자, 창녀, 도둑들도 얼마든지 지닐 수 있는 것들이므로 헛되고 무가치하다. 이번에는 그대와 함께 생활하는 사람들의 덕성을 바라보라. 그렇게 하면 자기 자신도 감당하지 못하는 족속은 말할 것도 없고, 그중에서 가장 의젓한 사람들까지도 보잘것없이 여겨질 것이다. 이런 어둠 속에서, 모든 시간과 움직임 사이에서 가치가 있는 것은 무엇인가. 아니, 참된 탐구의 대상이라도 될 만한 것이 과연 있는지 나는 생각할 수 없다.

다만 한편으로는 우리 자신이 언젠가는 자연적으로 분해되기를 기다리면서, 그 기다림을 괴로워하지 말고 다음과 같은 원리를 따라야 할 것이다. 하나는 나에게 일어나는 모든 일이 자연의 본성에 일치한다는 것이고, 또 하나는 신의 섭리에 어긋나는 행동의 여부는 자기 능력에 달려 있다는 것이다. 나를 강요하여 신의 섭리를 거스르게 할 수 있는 자는 아무도 없다.

11 "나는 지금 나의 영혼을 어디에 쓰고 있는가?" 우리는 언제나 이렇게 스스로에게 물어보아야 한다. 그리고 다시 다음과 같이 물어야 한다. "나를 지배하는 이성은 무엇을

하고 있는가? 지금 나의 영혼은 무엇과 닮았는가? 어린아이의 영혼인가? 여자의 영혼인가? 가축의 영혼인가? 폭군의 영혼인가? 들짐승의 영혼인가?"

12 세상 사람들은 어떤 일을 선하다고 여기는가. 누군가가 신중함이나 절제, 정의나 용기와 같은 것을 참으로 선하다고 믿는다면, 여기에 사로잡혀서 그와 어울리지 않는 것에는 눈길도 주지 않고, "선한 것은 아주 많다"는 어느 시인의 말에도 귀 기울이지 않을 것이다. 또 어느 누가 대다수의 사람이 선하다고 생각하는 것들을 믿는다면, 시인의 말에 기꺼이 귀 기울일 것이다.

사람들은 이런 식으로 차이를 알아차린다. 만일 알지 못한다면 시인의 말은 저질이라고 비난받지도, 배척당하지도 않을 것이다. 그것이 부(富)와 명성을 쌓는 수단에 대한 재치 있는 말로써 받아들여지기 때문이다. 한 걸음 더 나아가서 "부자는 그 많은 재물 때문에 평안을 누릴 여유가 없다"는 말이 있을 정도로 어떤 사람이 많은 것을 소유하고 있을 때 그것을 과연 선한 것으로 여길 수 있는지 알아보라.

13 나는 원인으로 작용한 것들과 재료로 사용된 것들로 구성되어 있다. 그리고 이 구성 분자 모두가 비존재에서 존재가 된 것이 아니므로, 비존재가 되지 않을 것이다. 다시 말해 나를 이루고 있는 모든 부분은 변화에 의해 우주의 한 부분이 되고, 그것이 다시 변화하여 우주의 또 다른 부분이 되는 이 순환이 영원히 계속될 것이다.

이러한 변화의 결과로 나 또한 계속 존재하고, 나를 낳은 사람도, 또 그 부모도, 어디까지 거슬러 올라가도 마찬가지이다. 우주가 일정한 주기에 따라 무한히 순환하는 것이라 해도 해당된다.

14 이성과 추론은 그 자체로도 충분한 능력이다. 이것들은 저마다 고유한 원리에서 비롯하여 주어진 목적을 향해 나아간다. 이성에 의한 행위를 올바르다고 말하는 것은, 그 행위들이 올바른 길로 나아가기 때문이다.

15 정당하게 주어진 것이 아닌 사물은 무엇이건 자신의 것이라고 해서는 안 된다. 그런 것들은 인간에게 필수적인 것이 아니다. 인간 본성이 그와 같은 것을 약속하지 않았으

며, 인간 본성을 완성해주는 수단도 아니다. 그런 사물 속에 인간이 목적으로 하는 것, 선이 있지도 않고, 선이라는 목적에 닿을 수 있도록 이바지하지도 않는다. 만일 그런 사물들이 선한 것이라면, 인간이 이를 무시하거나 반항하는 것은 옳지 않다. 그것들이 필요 없다고 말하는 사람이 바람직한 것도 아니며, 그것들의 일부라도 갖고 있지 않은 자는 선하다고 할 수 없을 것이다. 그러나 인간은 그런 사물 또는 그와 비슷한 다른 사물을 자기 자신에게서 떼어놓을수록, 그 가운데 하나를 빼앗겼을 때 그 상실을 참을성 있게 견디면 견딜수록 더더욱 선해진다.

16 그대의 품성은 그대가 하는 일상적인 생각들에 의해 정해진다. 영혼은 사상에 따라 다른 빛을 띠기 때문이다. 그러므로 다음과 같은 일련의 사상으로 영혼을 아름답게 꾸며라.

사람은 어디에서든 선하게 잘 살아갈 수 있다. 궁정에서 살아야 한다면 그곳에서도 얼마든지 선하게 잘 살아갈 수 있다. 사물은 저마다 어떤 목적을 위해 만들어졌기 때문에 그 목적을 따라간다. 각각의 존재가 지향하는 것을 향하며, 그 도달점에 각각의 존재가 추구하는 이득과 선이 있는 것이다. 이성적인 존재에게 있어서 선은 공동체를 향한다. 우리 인간이 공동체를 위해 만들어졌다는 것은 이미 앞에서 말했다. 열등함은 우월함을 위해 존재하고, 우월함은 서로를 위해 존재한다는 것은 분명하지 않은가. 생명은 무생물보다 우월하고, 생명 가운데 가장 우월한 것은 이성적인 존재이다.

17 불가능한 일을 추구하는 것은 광기(狂氣)다. 악한 자들이 악하지 않게 하는 것은 불가능하다.

18 사람의 본성으로 참을 수 없는 일은 절대로 일어나지 않는다. 같은 일이 다른 사람에게 일어났을 때 그는 그것을 전혀 의식하지 못하거나 자신의 용기를 과시하기 위해 굽히지 않았던 것이다. 무지와 교만이 지혜보다 강할 때가 있다는 것은 이상한 일이다.

19 사물 자체는 영혼과 조금도 맞닿지 못한다. 영혼에 가닿도록 허용되어 있지도 않으며, 영혼의 방향을 바꾸거나

움직이게 할 수도 없다. 영혼은 오직 스스로의 힘으로 방향을 바꾸고, 외부로부터 오는 사물 중에 자신에게 적합한 것을 분별한다.

20 인간에게 선을 행하고 그들의 결점을 참아야 한다는 점에서, 인간은 우리 자신에게 가장 가까운 존재이다. 그러나 어떤 이들은 내가 인간으로서 행하는 본연의 행위에 장애가 된다는 점에서 인간은 해나 바람이나 짐승처럼 나와 관계없는 사물 중 하나다.

그들이 나의 활동을 방해할 수도 있지만, 나의 마음이나 성품에는 아무런 영향을 끼칠 수 없다. 내게는 조건과 상황에 따라 적절히 대처하는 능력이 있다. 마음은 자신에게 걸림돌이 되는 모든 상황과 상태를 바꿔서 스스로에게 도움이 되게 할 수 있다. 그리하여 걸림돌은 오히려 활동의 촉진제가 되고, 길 위의 걸림돌은 도리어 그 길을 나아가도록 도와준다.

21 우주에서 가장 훌륭한 것을 존중하라. 그것이 만물을 지배하는 것이다. 마찬가지로 그대 자신에게 깃들어 있는

가장 훌륭한 것을 존중하라. 그것은 우주의 것과 같으니, 그대의 속에 있으면서 그대에게 있는 다른 모든 사물을 활용하여 그대의 삶을 지배한다.

22 공동체에 해를 입히지 않는 것은 개인에게도 해롭지 않다. 그대가 해를 입을 때마다 다음의 규칙을 적용하라. 만일 공동체가 이로써 해를 입지 않는다면 나에게도 해롭지 않다. 만일 공동체가 해를 입어도 그대는 공동체에 해를 끼치는 자에게 분노하지 말고, 그에게 그 잘못을 가르쳐 주어야 한다.

23 현존하는 것도 새롭게 탄생하는 것도 모두 얼마나 빨리 사라지는가를 거듭 생각해보라. 모든 것이 끊임없이 흘러가는 강물처럼 쉬지 않고 변화를 거듭하고, 그 원인들도 다양해서 세상에 변화를 겪지 않는 것이 없다. 그대에게는 모든 것이 사라져버린 과거와 끝없는 심연 같은 미래가 있다. 모든 것이 사라지는데, 무언가를 손에 넣었다고 교만을 떨거나 그것을 잃었다고 상심하는 것이 얼마나 어리석은가. 그 모든 것이 그대를 고통스럽게 하는 것 또한

짧은 시간에 불과하다.

24 우주의 보편적인 진리를 생각해보라. 그대는 이 우주의 작은 한 부분이고, 그대에게 주어진 시간은 무한한 영겁에 비해 순간에 지나지 않는다. 운명에 의해 결정된 것을 생각해보라. 그대의 운명은 우주 전체의 운명에 비해 아주 작은 부분이라는 것을 명심하라.

25 다른 사람이 그대에게 잘못했다면 그가 스스로 뉘우치게 하라. 그 사람에게는 자신의 몫으로 주어진 고유한 것이 있고, 그는 그것에 따라 행동한 것이다. 나는 자연의 본성이 내게 주고자 한 것들을 갖고 있고, 그것이 나에게 시키는 일을 하고 있다.

26 그대를 이끌고 지배하는 영혼이 몸의 움직임—쾌락에 의해서건 고통에 의해서건—에 휘둘리는 일이 없도록 하라. 그런 움직임은 철저히 분리하여 영혼이 늘 독립된 존재로 초연히 있게 하라. 그러나 결국 영혼과 몸은 하나인지라 움직임이 정신과 마음에 어떤 감각을 불러일으킬 때에는,

그것은 자연스러운 일이므로 그대는 이런 감각에 저항하지 말라. 네 영혼을 지배하고 주관하는 이성이 그런 감각에 대해 선하다거나 악하다거나 하는 판단을 내리게 하지 말라.

27 신과 함께 살아가라. 자신의 영혼이 스스로에게 주어진 운명에 진심으로 만족하고, 제우스가 보호자이자 인도자로서 저마다에게 부여한 신성과 그 뜻에 따라 행하는 모든 일을 신에게 알리는 사람이 신과 함께 살아가는 것이다. 이때 신성은 우리의 영혼과 이성이다.

28 그대는 겨드랑이에서 냄새가 나는 사람에게 화를 내고, 입에서 냄새가 나는 사람에게 화를 내는가. 이것들이 그대에게 어떤 분노를 가져오는가. 그 사람은 냄새나는 겨드랑이와 입을 가졌기 때문에 냄새가 나는 것은 어쩔 수 없다. 그러나 그는 이성을 갖고 있으므로 조금만 노력하면 자기 결함을 깨달을 수 있다.

그대는 이성을 갖고 있다. 그 말인즉슨 그대가 이성적으로 그의 이성을 일깨울 수 있다는 것이다. 그가 이를 받아들이면 그대는 그를 치료해준 것이 되므로, 이에 대하여 조금도 분노할 필요가 없다. 비극 배우처럼, 창녀처럼 행하지도 말라.

29 원하는 대로 살 수 있는 건 죽은 뒤라고 생각하겠지만, 이 세상에서도 그렇게 살 수 있다. 그러나 사람들이 그대에게 이를 허용해주지 않는다면, 그대는 아무런 해도 입지 않은 것처럼 삶을 버려라. "불이 나서 집에 연기가 차면 집을 떠나야 한다."[27] 그대는 왜 세상을 떠나는 것을 슬프게 생각하는가. 사람들이 나의 삶을 방해하여 이 세상에서 몰아내지 않는 한 나는 자유롭게 원하는 것을 하면서 살 수 있고, 그 누구도 내가 하고자 하는 일을 방해하지 않을 것이다. 그리고 나는 이성적이고 공동체적인 존재로서 그에 합당한 것을 골라 행한다.

---

27 에픽테토스가 한 말로, 불에서 연기가 나는 것이 지극히 자연스러운 일이듯이, 사람이 속세를 떠나 우주로 돌아가는 것도 지극히 자연스러운 일이라는 뜻이다.

30 우주의 본성은 사회적이고 공동체적이다. 그리하여 뛰어난 자를 위해 뒤떨어진 자를 만들고, 뛰어난 자는 서로 협조하도록 만들었다. 그대가 보는 바와 같이 우주의 본성은 저마다의 사물에 질서를 세우고, 격식을 부여하며, 본디의 몫을 지정한다. 그리고 가장 뛰어난 것들이 화합하여 하나가 되도록 한다.

31 신들에 대하여, 부모에 대하여, 자녀에 대하여, 스승에 대하여, 친구에 대하여, 하인에 대하여 오늘에 이르기까지 그대는 어떻게 행동해왔는가. 지금까지의 행동에 다음의 말이 합당한가를 생각해보라. "말과 행동으로 사람을 해친 적이 없다." 오늘에 이르기까지 그대에게 무수히 많은 일이 있었고 그것을 잘 견뎌왔다는 것, 그대 삶의 역사가 이미 완결되고, 그대의 책무가 끝나가고 있다는 것을 생각하라.

뒤돌아보면 아름다운 것을 많이도 보아왔고, 쾌락을 외면하고 괴로움을 극복했으며, 남들이 명예롭게 여기는 일에 목매지 않고, 악을 저지르는 사람에게 얼마나 많은 친절을 베풀었는가. 이것 모두를 기억하라.

32 왜 노련하고 유식한 자들이 서투르고 무지한 자들에게 휘둘리는가? 어떠한 영혼이 진정으로 재주와 지혜를 지니는 것인가. 처음과 나중을 알고, 세상의 모든 존재를 알며, 무한히 펼쳐지는 과거와 미래, 영원히 순환하는 우주를 다스리는 이성의 존재를 아는 자가 그러하다.

33 이윽고 그대는 뼈와 재로 변할 것이다. 남는 것은 이름뿐 아니니, 이름조차 남지 않을 것이다. 이름은 공허한 메아리에 불과하다. 우리가 그토록 소중히 여기는 모든 사물은 썩기 쉬운 허망한 것일진대 우리는 그것을 차지하려고 강아지들처럼 서로를 물어뜯고, 내키는 대로 울고 떼쓰는 아이처럼 군다. 하지만 성실과 겸손과 정의와 충성은 대지의 넓은 길을 따라 올림포스로 올라간다. 지금까지 그대를 대지에 머물러 있게 하는 것은 무엇인가.

감각과 그 대상은 시시각각 바뀌고, 우리의 감각기관은 쉽게 그릇된 인상에 속아 넘어가며, 가엾은 영혼은 증기에 지나지 않는다. 명성을 얻는 일 또한 허망하기 그지없는데, 우리는 왜 이 세상에 남아 있는가. 우리가 할 일은 무엇인가. 우리의 인생이 비록 파멸로 끝나건, 다른 곳으로 이동하건 그저 받아들이는 것이다.

그때까지 우리는 무엇을 해야 하는가. 유일한 방법은 신들을 경외하고, 인내와 자제로 사람들에게 선을 행하는 것이다. 우리의 연약한 몸과 호흡이 미치지 않는 모든 것은 스스로의 능력과 권한 바깥임을 인정하고 기억하라.

34 그대가 만일 올바른 길을 좇아서 이성적으로 생각하고 행동한다면, 바르고 행복한 삶을 살 수 있을 것이다. 신과 인간과 모든 이성적인 존재의 영혼에는 두 가지 공통점이 있다. 하나는 타자의 방해를 받지 않는다는 것, 다른 하나는 정의로움 안에서 자신의 선을 추구한다는 것이다.

35 어떤 일이 자신의 악함 그 자체가 아니고, 악함에서 비롯한 것도 아니며, 공동체의 행복을 앗아가지 않는다면, 내가 그 일에 시달릴 필요는 없지 않은가. 공동체의 행복에 해를 입히는 것은 무엇이란 말인가.

36 다른 사람들의 감정에 휘둘려서는 안 된다. 그대의 능력이 닿는 만큼만 그들에게 힘이 되어주어라. 그들이 입은

손해가 선악을 나눌 수 없는 중립적인 일이라면, 손해라고 생각하지 말라. 이때에는 어느 한 노인이 세상을 떠나기 전에 자식이 지닌 특별할 것 하나 없는 팽이를 고쳐준 것처럼 하라. 그렇게 하지 않는다면 그대는 연단 위에 올라선 바보가 되고 말 것이다. 그대는 그것이 가치가 없는 일이라는 것을 잊었는가. “잘 알고 있지만 이 사람들에게는 그것이 매우 중요한 일이다”라고 대답한다면 그들과 똑같이 어리석은 사람들이 되어버리는 것이다. 전에 나는 행운이 따르는 사람이었으나 지금은 그것을 잃었다. 그 영문을 알 수 없다. 하지만 나의 운명에 행운을 끌어들이는 것은 나 자신이다. 진정한 행운은 영혼이 선하다는 것, 선에 따른 감정과 행동을 말한다.

명성을 사랑하는 사람은 다른 사람의 반응으로 자신의 이로움을 채운다.
쾌락을 사랑하는 사람은 자신의 감각으로 이로움을 채운다.
그러나 분별력을 지닌 사람은 자신의 행동으로 이로움을 채운다.

1 우주의 실체는 온순하고 유연하다. 우주를 지배하는 이성은 악의가 없으므로 악행의 원인이 될 만한 것이 없다. 이성은 어떤 대상에 대해서라도 악의가 없으며, 해를 끼치지 않는다. 만물은 이러한 이성에서 비롯한다.

2 의무를 행할 때에는 춥든 덥든, 잠을 못 잤든 잘 잤든, 욕을 먹든 칭찬을 듣든, 죽어가든, 그 밖의 다른 상황이 생겨도 계속 행하라. 죽음도 인생의 일부이므로, 그것이 눈앞에 닥치더라도 주어진 일을 잘하는 것으로 충분하다.

3 어떤 사물이든 내면을 살펴라. 그것이 지닌 특수성과 가치를 소홀하게 보아선 안 된다.

4 우주는 하나이기 때문에 만물이 증기로 승화하고, 원소들로 분해하여 흩어지는 변화를 겪을 것이다.

5 우주를 지배하는 이성은 스스로의 성질에 의해 자신이 무슨 일을 할지, 어떤 재료로 그 일을 해낼지 알고 있다.

6 복수를 하는 가장 좋은 방법은 악행을 저지른 상대와 똑같이 되지 않는 것이다.

7 신의 섭리에 따라 공동체를 위한 일을 행하고 이어서 또 한번 공동체를 위한 일을 행하는 것, 이 한 가지 일에서 즐거움을 느끼고 지속해야 한다.

8 우주를 지배하는 이성은 스스로의 힘으로 변화한다. 지금 그대로의 상태나 자신이 원하는 상태로 변화할 수 있으며, 모든 일을 자신이 원하는 대로 보이게 한다.

9 모든 사물은 우주의 성질에 순응하여 완성된다. 그것은 결코 다른 어떤 성질에 순응해 완성되지는 않는다. 다시

말해, 외부의 어떤 성질에도 따르지 않으며, 반대로 내면의 어떤 성질이나 따로 독립된 어떤 성질에도 따르지 않는다.

10 우주는 만물이 뒤얽힌 혼돈 상태에 있는가, 아니면 통일된 질서와 섭리에 의한 상태에 있는가. 모든 것이 뒤죽박죽이라면, 내가 그런 무질서 속에 머물러야 할 이유는 무엇인가. 내가 무슨 일을 하더라도 결국 분해되어 흙으로 돌아가는 일 외에 무엇을 기대하겠는가. 세상이 질서 정연한 통일체라면 나는 만물을 다스리고 우주를 지배하는 자를 경외하며 살아갈 것이다.

11 주위의 환경 때문에 마음이 어지러워졌을 때는 어서 그대 자신으로 돌아가 혼란이 이어지지 않도록 하라. 끊임없이 자기 이성으로 되돌아가면, 환경 또한 잘 다스릴 수 있을 것이다.

12 그대에게 의붓어머니와 친어머니가 둘 다 있다면, 그대는 의붓어머니에게도 의무를 다하겠지만 언제나 친어머니에

게로 마음이 이끌릴 것이다. 지금 시험 삼아 궁정과 철학을 그대의 의붓어머니와 친어머니라 가정하고 자주 철학으로 돌아가 거기에서 안식을 얻어보라. 그리하면 궁정에서의 삶도, 그곳에서 겪는 일도 아무렇지 않게 생각되고 견딜 만할 것이다.

13 눈앞에 맛있는 요리가 놓여 있을 때 이러한 인상을 받는다. 이것은 물고기의 시체, 이것은 새의 시체, 이것은 돼지의 시체, 또 팔레르누스에서 만든 포도주는 단순한 포도즙에 지나지 않고, 이 자주빛 옷은 조개의 피를 물들인 양털일 뿐이며, 성관계는 장기들의 마찰로 인한 진액의 분출이다. 이러한 인상들이 사물로 옮아가서 피상적인 겹을 벗겨내고 사물 그 자체의 진정한 모습을 알게 해준다. 그대는 일생 동안 이와 같은 태도로 사물을 바라보라.

우리에게 가장 칭송을 많이 받는 사물이 있다면 우리는 그것의 무가치함을 드러내어서 그 사물에 대한 모든 찬사를 없애야 한다. 자만심은 우리를 잘못된 길로 인도하기 때문이다. 특히 어떤 사물에 대해 고생을 무릅쓰고 손에 넣을 가치가 있다는 확신이 들 때를 경계하라. 그대가 가장 기만당하기 쉬운 때이니, 소크라테스가 크세노크라테스에게 한 말을 기억하라.

14 사람들 대부분이 칭송하는 사물은 광물이나 목재처럼 원소들의 응집성이 강하거나, 무화과, 포도, 올리브나무처럼 자연에서 자라나는 것이다. 그들보다 이성이 발달된 사람들이 칭송하는 사물은 소나 말, 양처럼 생명이 결합되어 있고, 그보다 더욱더 교양 있는 사람들이 칭송하는 사물은 이성적인 정신이 결합되어 있는 것이다. 이때 말하는 이성적인 정신이란 우주의 이성과 관련된 것이 아니라, 장인처럼 숙련된 기술을 지니고 있거나 많은 노예를 거느리고 있는 것을 통해 표출되는 이성을 의미한다.

하지만 이성적이고 보편적이며 또한 공동체 정신에 부합하는 참된 영혼을 존중하는 사람은, 그것 말고는 아무것도 소중히 생각지 않는다. 그리고 그는 무엇보다도 먼저 자기 영혼을 이성과 공동체 정신에 합당한 활동으로 지켜나가며, 자기 자신과 같은 부류에 속하는 사람들과 함께 이 목적을 이루기 위해 협력한다.

15 어떤 사물은 존재로 줄달음치고, 어떤 사물은 존재에서 벗어나 줄달음친다. 그리고 존재를 지향하는 것도 그 일부는 이미 사라졌다. 운동과 변화는 끊임없이 세계를 새롭게 하고 있으며, 그것은 모든 세대를 아우르는 시간의 흐름을 언제나 새롭게 하고 있는 것과 같다. 그렇다면 머물 곳 하나 없는 이 흐름 속에, 어쩔 수 없이 오가는 사물에 대하여 사람들은 어찌 높은 가치를 인정할 수 있겠는가?

그것은 마치 눈앞에서 날아가 멀리 사라져버린 새를 사랑하는 것과 같다. 우리의 삶은 피에서 발산된 증기의 증발이나 호흡과 같다. 그대가 매 순간 공기를 들이마시고 나서 다시 뿜어내는 호흡은, 그대가 어제나 그제, 태어났을 때 얻은 모든 능력을 다시 본디의 원소로 돌려보내는 일생과 다름없다.

16 식물의 호흡도, 가축이나 짐승의 호흡도, 사물의 인상을 받아들이는 것도, 꼭두각시 인형처럼 욕망에 조종당하는 것도, 모여서 사회를 이루어 살아가는 것도, 먹고 마시는 것도 우리에게 큰 가치가 있는 일은 아니다. 이것들은 우리가 음식을 먹고 소화시키는 일과 다름없다. 참으로 가

치 있는 일은 무엇인가. 박수를 받는 일인가. 사람들로부터 혀로 칭송과 박수를 받는 일도 아니다. 명성 또한 보잘것없다.

나는 우리가 자신의 본성에 따라서 행동하고 다른 것들은 절제하는 것이 우리에게 가치 있는 일이라고 생각한다. 모든 직업과 기술이 목표로 삼는 것도 이것이다. 다시 말해, 모든 기술은 어떤 것을 그 사용처에 맞게 만들어내는 데 그 목적이 있다. 포도나무를 기르는 사람도, 말을 길들이는 사람도, 개를 훈련시키는 사람도, 자녀를 교육하는 사람도 마찬가지다. 이것이 우리가 가치 있게 여겨야 할 일인 것이다.

이것이 그대에게 진정으로 가치가 있다면, 그대는 달리 아무것도 추구하지 않으리라. 그런데도 그대는 계속해서 다른 많은 사물을 소중히 여길 셈인가. 그렇다면 그대는 자유롭지도 행복하지도 못하며, 번뇌에 시달릴 것이다. 그대에게서 그 사물들을 빼앗아갈 수 있는 사람을 부러워하고 질투하고 의심할 것이며, 또 그 사물들을 가진 사람들을 약탈하기 위해 중상모략할 것이다. 그대가 소중히 여기는 사물이 없는 경우에는, 늘 초조하고 혼란스러울 것이며, 신들을 자주 원망하는 죄를 지을 것이다. 따라서 그대에게 주어진 것들만을 소중히 여긴다면, 그대 자신에 대해 만족을 느끼고, 사회와 조화를 이루며, 신들이 내려 준 모든 것을 감사할 것이다.

17 원소들은 위로, 아래로, 사방으로 끊임없이 움직인다. 미덕은 이처럼 움직이지 않는다. 미덕은 더욱더 신성한 것으로, 우리가 알지 못하는 방식으로 자신의 목표를 향해 나아간다.

18 사람들은 참으로 이상한 행동을 한다. 그들은 자신들과 같은 시대에, 함께 살아가는 사람들에 대해 칭찬하는 것을 꺼린다. 그러면서 자신이 아직 본 적도, 볼 수도 없는 후세의 사람들에게 기억되는 것에 커다란 가치를 둔다. 이는 마치 조상들이 자신을 칭찬하지 않는다고 화내는 것과 다름없다.

19 만일 그대가 어떤 일을 성취하기 어렵더라도, 그것이 이 세상에서 완전히 불가능하다고 생각해서는 안 된다. 인간

은 무슨 일이든 해낼 수 있으니 그대 또한 해낼 수 있다고 생각해야 한다.

20 경기장에서 상대가 그대를 손톱으로 긁었거나 머리로 들이받았다고 해보자. 거기에 대하여 우리가 화를 내거나, 타박을 하거나, 그를 위험인물이라고 의심하지 않는다. 경기가 벌어지는 동안 그를 적대시하거나 의심하지 않고, 다만 집중하여 그의 공격을 피할 뿐이다. 그대는 삶의 다른 모든 면에서도 이와 비슷한 행동을 취하라. 사람들이 행하는 것들에 대해 경기장에서처럼 너그럽게 용납하는 것이다. 앞에서도 말한 바와 같이, 의심이나 증오를 품지 않고 그들의 공격을 충분히 피할 수 있기 때문이다.

21 누구라도 나의 생각이나 행위의 부당함을 지적하고, 그것을 나에게 이해시킬 수 있다면 나는 기꺼이 받아들일 것이다. 내가 탐구하는 것은 진리인데, 그것은 아무도 해치는 일이 없기 때문이다. 그러나 자기 오류와 무지 속에 머물러 있는 사람은 손상을 입는다.

22 나는 내게 주어진 의무를 행한다. 그리고 다른 여러 사물로 말미암아 내 마음을 번거롭게 하지 않는다. 그것은 생명이 없는 것, 이성이 없는 것, 그리고 정처 없이 방황하여 길을 찾지 못하는 것이기 때문이다.

23 이성이 없는 동물이나 일반적인 모든 사물을 넓은 마음으로 대하라. 그대에게는 이성이 있고 그것들에는 없기 때문이다. 이성이 있는 인간에게는 공동체 정신으로 대하라. 항상 신에게 도움을 청하고 이를 행할 때 시간에 구애받지 말라. 세 시간만으로도 충분하다.

24 마케도니아의 왕 알렉산드로스와 그의 마부는 죽음으로 동등해졌다. 그들은 똑같이 우주의 근원으로 되돌아갔거나 아니면 원자 속에 흩어져 버렸으니 말이다.

25 우리의 육체와 정신에 얼마나 많은 일이 벌어지는지 생각해보라. 그러므로 모든 사물이 하나이면서 전체인 것, 즉 우리가 우주라고 부르는 것 속에 동시에 존재하고, 더 많이 생겨나도 이상하지 않다.

26 누가 그대에게 '황제 안토니누스의 이름을 어떻게 쓰느냐' 고 물으면, 그대는 한 글자 한 글자 정성스레 일러줄 것이다. 사람들이 화를 낸다면 그대도 화를 낼 것인가. 그대는 침착한 태도로 다시 한번 일러줄 것이다. 마찬가지로 삶의 모든 의무도 여러 부분이 한데 모여 성립됐다는 사실을 기억해두라. 그리하여 스스로 혼란을 일으키지 않고, 자기에게 화를 내는 사람에게도 분노하지 않으며, 그대 앞에 놓인 일을 수행해야 한다.

27 사람들이 자신에게 잘 맞고 이로워 보이는 일을 하고자 할 때 그 앞을 가로막는 것은 얼마나 잔인한 일인가. 그대가 그들의 행동에 대해 잘못됐다고 지적하고 화를 낸다면 잔인한 행위나 다름없다. 그들은 그것이 자기들의 성질에 알맞고 유익하다고 생각하기 때문에 그리로 마음이 쏠리는 것은 당연한 일이다. 그대는 화내지 말고 그들에게 잘 가르쳐주어라.

28 죽음은 감각으로부터 받는 인상들, 욕망에서 비롯한 충동들, 헤매는 생각들, 육체의 노동에서 벗어나는 것이다.

29 몸이 아직 쇠퇴하지 않았는데 영혼이 먼저 쇠퇴하는 것은 부끄러운 일이다.

30 카이사르 같은 황제가 되려 들거나 그의 사상에 물들지 않도록 경계하라. 그렇게 되기가 쉬우니 그대는 항상 자기 자신을 꾸밈없이 하고, 정의의 벗이자 신들의 숭배자가 되어, 친절하고 자애롭게 모든 일에 선한 태도로 임하라. 그대는 철학이 지향하는 곳과 어울리는 사람으로 언제까지나 살아라. 신들을 공경하고 사람들을 도와주어라. 잠시나마 이 세상에서 얻을 수 있는 유일한 열매는 경건한 마음씨와 공동체를 위한 행위뿐이다.

모든 일을 안토니누스의 제자로서 행하라. 그는 모든 일을 이성에 따라 행하고, 늘 침착하고 평온한 얼굴로 사람들을 대했으며, 명성에 대한 허영심과 자만심을 경계하고, 사물을 명료한 눈으로 바라보고 파악하는 태도를 언제나 지니고 있었다.

또한 그는 자신을 부당하게 비난하는 사람들에 맞서지 않고 참고 견뎌냈다. 무슨 일을 하든 서두르는 법이 없었다. 비방에 귀 기울이지 않았다. 사람들의 성품과 행동을 정확하게 꿰뚫어보았다. 사람을 꾸짖는 데 힘쓰지 않고, 비겁하지 않으며, 시기하지 않고, 의심하지 않았다. 집, 침대, 옷, 음식, 하인은 필요한 수준으로만 갖추고 있었다. 우정에도 한결같았다. 자신의 의견에 반대하는 사람들을 존중하고, 훌륭한 시책과 충언을 받아들이는 데 인색하지 않았으며, 신의 섭리에 충실했다.

이 모든 것을 마음속에 새기고 본받도록 하라. 그렇게 하면 그대는 죽음을 맞이할 때도 그와 같이 평안한 마음을 가질 수 있을 것이다.

31 본성으로 돌아가 정신을 깨우쳐라. 그리하여 그대는 잠에서 깨어나 그대를 괴롭혀온 것이 단순한 꿈일 뿐이었다는 것을 깨달을 수 있다. 꿈속에서 그것들을 대하듯이 깨어 있는 동안 그대 주위에 있는 사물들을 바라보도록 하라.

32 나는 하나의 조그만 몸과 마음으로 이루어져 있다. 이 조그만 몸에서는 모든 것이 평등하다. 몸은 선과 악의 차이를 알지 못하기 때문이다. 마음은 자신에게 속한 것을 제외한 다른 모든 것에 한해서는 선악을 구분 짓지 않고 평

등하다. 자신에게 속한 것은 전부 마음을 따르지만 거기엔 현재와 관련된 것만 속해 있다. 현재에는 미래 혹은 과거에 속한 것들에 대해서 선악을 구분할 필요가 없기 때문이다.

33 발이 자신의 일을 하고 손이 자신의 일을 하는 한, 손이 하는 일도 발이 하는 일도 자연에 어긋나지 않는다. 마찬가지로 인간의 일도 그것이 인간에게 필요한 것이라면 자연에 어긋나지 않는다. 그리고 그 일이 인간의 본성에 어긋나지 않는다면 악이 아니다.

34 강도, 존속 살해자, 폭군 등은 얼마나 많은 쾌락을 누려왔는가, 이를 헤아려보면 쾌락이 무엇인지 알 수 있다.

35 숙련된 기술을 지닌 장인이 일할 때 그 기술에 능숙하지 않은 사람들과는 어느 정도는 타협을 한다. 그러면서도 본업의 원리들에서 벗어나는 일이 없다. 그 원리들을 포기하는 것을 본 적이 있는가. 건축가나 의사도 자신들의 기술과 원리를 절대로 포기하지 않고 지키는데, 인간이

신과 연결된 자신의 이성을 포기한다면 그것은 이상한 일이 아닌가.

36 아시아나 유럽은 우주의 한 구석에 불과하다. 바다는 우주 전체에서 한 방울의 물에 지나지 않는다. 아토스 산[28]은 우주의 작은 흙덩어리이며, 현재는 영원 속의 한 점이다. 모든 사물은 아주 작고 쉽게 사라진다. 모든 것은 하나의 근원에서, 우주를 지배하는 이성의 움직임에서 파생된다. 사자의 입이나 가시, 늪도 모두 아름다운 이성에서 파생되었다. 따라서 이 모든 것을 그대가 소중히 여기는 것과 떼어놓고 생각지 말고 포함하여 만물의 근원을 헤아리도록 하라.

37 현존하는 사물을 본다는 것은 그 사물이 과거에 지나온 영겁의 시간과 앞으로 지나갈 영겁의 시간 모두를 보는 것이다.

---

28 마케도니아 지방에 있는 산. 고대 그리스 신화에서는 이 산을 두고 거인 아토스가 포세이돈을 향해 던진 돌이라고 이야기한다.

38 하나의 우주 안에 있는 만물의 연결성과 상호관계를 자주 생각하라. 만물은 어떤 식으로든 연관되어 있어서 친밀하지 않은 것이 없다. 만물은 하나의 우주 안에서 서로 작용하고, 서로 공감하며 맞물려 살아가는 것이다.

39 그대에게 주어진 것들에 적응하고, 운명이 맺어준 사람들을 진실하고 성실하게 사랑하라.

40 모든 도구, 기구, 그릇은 그것들이 저마다 제작된 목적을 다하면 그것으로 충분하다. 그것을 만든 자는 외부에 있어서 더는 관여하지 않지만 우주의 본성에 의해 그 속에는 만든 힘이 깃들어 있다. 그러므로 이 힘을 숭배하며, 그 의지에 순응해 살고 또 행동한다면 자기 속의 모든 사물은 우주의 본성에 일치한다. 마찬가지로 우주에 존재하는 이 힘에 속한 만물은 그 본성에 순응한다.

41 그대의 힘이 미치지 않는 사물을 대할 때 자신에게 선하거나 악한 것이 있어서 그중에서 악한 것으로 인해 선한 것을 잃게 된다면, 그대는 반드시 신을 원망하고 그 일의

원인이라고 의심되는 사람들을 저주할 것이다. 우리가 그런 사물에 가치를 부여하고 행하는 일들이 사실은 얼마나 잘못된 판단을 불러일으키는지를 보라. 따라서 우리 힘으로 좌우할 수 있는 사물에 대해서만 선악을 판단한다면 신을 등지거나 사람들에게 적대적인 태도를 취할 필요가 없다.

42 우리는 모두가 하나의 목적을 향해 힘쓴다. 그러나 어떤 사람은 그를 제대로 알고서 하는 반면에, 어떤 사람은 자기가 하는 일이 무엇인지 모르면서 협력한다. 헤라클레이토스가 "사람들은 자는 동안에도 우주의 모든 일에 함께 힘쓴다"고 말한 것도 같은 맥락이다.

사실 사람들은 여러 방식으로 힘을 모아 일을 한다. 사물의 결합을 찾아내려는 사람들도, 이를 배척해 막으려 하는 사람들도 다 함께 협력한다. 왜냐하면 우주는 이런 사람들까지도 필요로 하기 때문이다. 그러므로 그대에게 남은 문제는 그대가 어떤 부류의 협력자인가를 이해하는 일이다. 생각건대 만물을 지배하는 자는 분명히 그대를 올바른 데에 쓰고자 할 것이고, 하나의 목적에 이바지하는 협력자 한 사람으로서 대하여 임무를 맡길 것이다. 그러니 그대는 크리시포스[29]가 말한 어느 희곡의 저속한 대목처럼 되지 말라.

43 태양이 비가 할 일을 하려고 하던가. 의술의 신 아스클레피오스가 열매가 자라는 땅에서 일하려고 하는가. 저 별들은 어떠한가. 그것들은 저마다 다르면서도 같은 목적을 위해 함께 일하고 있지 않은가.

44 만일 신들이 나에게 반드시 일어날 일을 미리 결정했다고 한다면, 그 결정은 나에게 가장 좋은 것임이 분명하다. 선견지명이 없는 신은 상상조차 하기 어렵기 때문이다. 신이 무슨 이유로 내게 좋지 않은 일을 내리겠는가. 그런 일을 하는 것이 신에게, 그들이 다스리는 우주에 어떤 이득

---

29 제논, 클레안테스와 함께 스토아학파를 창립하고 이론을 체계적으로 정리했다. 크리시포스는 "희극에는 그 자체는 저속하지만 작품 전체에 매력을 더하는 대사가 포함되어 있듯이, 악덕도 그 자체로는 나무라야 하지만 전체로서의 우주에 무익한 것은 아니다"라고 했는데, 마르쿠스는 그렇다고 하여 우리가 악덕을 저지르는 자가 되어선 안 된다고 하는 것이다.

이 되겠는가. 내게 예정된 일에 대해서 신이 개별적으로 결정을 내린 것이 아니더라도, 우주의 일은 직접 결정을 내렸을 것이다. 그로 인해 발생하는 부수적인 결과가 바로 내게 예정된 일이라고 하여도 기꺼이 받아들이고 만족해야 한다.

하지만 만일 신이 아무것도 결정하지 않는다고 한다면—사악한 자만이 이런 생각을 하지만—우리는 신을 향해 기도도, 맹세도, 신이 우리와 함께한다는 믿음에서 행해온 일을 더 이상 하지 않을 것이다. 그러나 신이 우리에 대해 그 무엇도 결정하지 않는다고 할지라도, 나 자신에게는 나의 일을 스스로 생각하고 결정할 능력이 있다. 그리고 나 자신의 됨됨이와 성질에 들어맞는 것이 진정 스스로에게 유익한 것이다. 그 바탕에 있는 나의 본성은 이성적이고 공동체적인 것이다. 안토니누스라는 이름으로 내가 속해 있는 국가는 로마이고, 인간으로서 내가 속해 있는 국가는 우주다. 바로 이 공동체에 이로운 것들이 나에게 선이다.

45 저마다에게 일어나는 일들은 모두 우주의 이익을 위한 것

이다. 이것으로 충분하다. 그대가 세밀히 관찰한다면 어떤 사람에게 유용한 것이 다른 사람에게도 유용함을 보편적인 진리로서 깨닫게 될 것이다. 이때의 유용하다는 말은 선도 아니고 악도 아닌 중립적인 일에 사용하는 일반적인 의미로 해석하는 것이 좋다.

46 원형 극장 같은 곳에서 펼쳐지는 공연이나 경기에서는 늘 똑같은 광경이 반복적으로 되풀이된다. 그러한 단조로움이 그대를 피로하게 하는 것처럼 그대의 인생의 일들 또한 마찬가지다. 하늘 아래, 땅 위에 모든 것이 동일한 원인으로 생겨났다가 사라진다. 이와 같은 반복이 언제까지 계속될까.

47 각기 다른 민족으로, 다른 성품과 다른 직업을 지니고 살아가던 사람들이 죽었다는 사실을 기억하라. 그러면 그대의 생각이 드디어 필리스티온이나 포이보스나 오리가니온에게까지 이를 것이다. 그리고 다른 부류의 사람들, 훌륭한 웅변가나 대철학자에 대해서 생각해보라. 헤라클레이토스, 피타고라스, 소크라테스, 그 옛날 세상을 호령하

던 영웅들, 장군들, 폭군들에 대한 생각으로 이어질 것이다. 그뿐 아니라 에우독소스, 히파르코스, 아르키메데스[30]를 비롯해서 자신의 분야에 매진하여 지성의 정수를 이루어낸 사람들, 또 메니포스[31]와 같이 삶을 조롱하는 사람들이 있는 곳으로 우리도 곧 가야 한다. 그들은 이미 흙 속에 있다. 이것이 그들에게 무슨 타격을 주겠는가. 그대의 삶을 진리와 정의 속에서 보내고, 거짓말쟁이나 의롭지 못한 자들에게도 너그럽게 대하며 살라. 그것이 유일하게 가치 있는 일이다.

48 그대 자신을 즐겁게 하려면 그대와 함께 살아가는 사람들의 미덕을 생각해보라. 예컨대 활발하거나 겸손하거나 너그럽거나 하는 그런 미덕이 우리와 함께 살아가는 사람들의 행동에 나타나고, 그것이 풍부하게 나타날 때만큼 우

---

30 에우독소스는 플라톤의 제자로 기원전 4세기의 뛰어난 수학자이자 천문학자이다. 히파르코스는 기원전 2세기 후반의 천문학자이다. 아르키메데스는 기원전 3세기에 활동한 고대의 가장 위대한 수학자이다. 세 사람 모두 그리스의 위대한 과학자들이었다.

31 기원전 3세기의 견유학파 철학자로서 풍자시를 썼다.

리를 즐겁게 하는 일은 없기 때문이다. 그대는 늘 이러한 것들을 기억하라.

49 그대의 몸무게가 100킬로그램에 이르지 않는다고 해서 이에 대해 불평하지 않을 것이다. 그런데 수명에 대해서는 앞으로 더 오래 살지 못한다고 해서 불평할 것인가. 그대에게 주어진 물질의 양에 만족하듯이, 그대에게 주어진 시간의 양에도 만족하라.

50 사람들을 설득할 때 그것이 정의의 원리에 따르는 일이라면 그들이 반대하더라도 실행에 옮겨라. 어떤 사람이 폭력을 앞세워 그대를 막아선다면 마음의 평정을 잃고 반발하는 데 힘쓰지 말고 다른 미덕을 행하는 데 이용하라. 그대에게 주어진 여건 속에서 해야 할 일을 할 뿐 그것이 불가능한 일이 아니라는 것을 마음에 새겨야 한다. 그대는 무엇을 바라는가. 그대의 목표는 바로 여기에 있다. 상황과 여건이 허락하는 한에서 그대가 해야 할 일을 실행에 옮기는 것이다.

51 명성을 사랑하는 사람은 다른 사람의 반응으로 자신의 이로움을 채운다. 쾌락을 사랑하는 사람은 자신의 감각으로 이로움을 채운다. 그러나 분별력을 지닌 사람은 자신의 행동으로 이로움을 채운다.

52 우리는 스스로 어떤 일에 대해 판단하지 않고, 자기 마음을 어지럽히지 않을 수 있다. 어떤 일이 우리로 하여금 판단을 강요할 힘은 없다.

53 다른 사람의 말에 귀 기울이고, 되도록 그 사람의 입장에서 생각해보는 습관을 들여라.

54 벌 떼에게 이득이 되지 않는 것은 한 마리의 벌에게도 이득이 되지 않는다.

55 배에 탄 승객이 키잡이를 욕하거나, 환자가 의사를 욕한다면 대체 누구의 말을 들어야 하겠는가. 키잡이가 어떻게 승객들을 위해 안전하게 배를 몰고, 의사가 어떻게 환자의 건강과 회복을 보장할 수 있겠는가.

56 나와 함께 이 세상에 태어난 사람들 가운데서 얼마나 많은 이가 이미 세상을 떠났는가.

57 황달에 걸린 사람은 꿀맛이 쓰고, 미친개에게 물린 사람은 물을 무서워하며, 아이들은 공을 보고 좋아한다. 그런데 그대는 왜 사람들에게 화를 내는가. 그대의 그릇된 견해가 황달에 걸린 자의 담즙과 광견병의 독소보다 덜 해롭다고 생각하는가.

58 그대 자신의 이성에 따라 산다면 어느 누가 그대를 방해하겠는가. 우주의 본성에 어긋나는 어떤 일도 그대에게 일어나지 않을 것이다.

59 사람들이 남의 비위를 맞추려고 하는 것은 무슨 마음에서인가, 또 어떤 목적 때문인가, 그리고 어떤 행위에 의해서인가. 시간은 얼마나 재빨리 모든 것을 거두어가는가. 그리고 얼마나 많은 것을 이미 거두어갔는가.

도덕적 인격의 완성은
하루하루를 삶의 마지막 날처럼 보내면서
그에 대해 초조해하지 않고, 무기력하지 않으며,
위선을 부리지 않는 데 있다.

1 악이란 무엇인가. 그대는 이미 그것을 많이 봐왔다. 그러므로 어떠한 일이 일어날지라도 이것은 내가 이미 여러 번 보아온 것이라고 생각하라. 하늘을 보든 땅을 보든 그대의 눈에 보이는 모든 것이 동일하다. 고대 역사는 물론 중세와 현대 역사에도, 또 오늘의 역사에도 동일하게 가득 차 있으며, 어느 도시나 가정에도 마찬가지다. 그러므로 이 세상에 새로운 것이란 있을 수 없다. 모든 것이 친숙하나 덧없다.

2 그대에게는 우주의 원리에 의한 관념들이 있고, 그것이 그대가 행하는 매사에 깃들어 있으니 절대 사라지지 않는다. 이 원리와 관념들을 아름다운 불꽃으로 타오르게 할

수 있는 건 그대뿐이다. 우리에게는 사물에 대해 바른 판단을 할 능력이 있는데 무엇 때문에 애를 태우는가. 우리 마음 밖에 있는 사물은 우리 마음과 조금도 관계가 없다. 이것을 반드시 기억하라. 그리하면 그대는 계속 올바른 길을 걸어갈 수 있을 것이다. 그대가 전에 봐왔던 것들을 새롭게 바라보라. 새로운 삶을 살 수 있을 것이다.

3 과시하는 것, 무대 위의 연극, 양이나 소의 무리, 창술 연습, 강아지에게 던져준 뼈다귀, 연못의 물고기에게 뿌려준 빵 부스러기, 무거운 짐을 나르는 개미, 도망가는 생쥐, 꼭두각시 인형—이런 것들 사이에서 즐거운 얼굴을 하고 교만한 태도를 보이지 않는 것이 그대의 의무다. 사람의 가치는 저마다 얻으려고 애쓰는 사물의 가치에 따라 달라진다는 것을 깨달아야 한다.

4 대화를 나눌 때는 이야기를 하는 방법에 주의를 기울이고, 행동을 할 때는 무엇을 하고 있는지 살펴야 한다. 행동에 있어서는 그것이 어떤 목적에 관련되는지를 곧장 알아야 하지만, 대화에 있어서는 어떤 의미가 있는가를 세심

히 살펴보아야 한다.

5 나의 능력이 눈앞의 일을 해 나가는 데 충분한가, 그렇지 못한가. 충분하다면 나는 우주의 본성이 내게 준 나의 능력을 활용하면 된다. 그러나 만일 그것이 충분치 않다면 더 잘할 수 있는 사람에게 자리를 양보한다. 다만 이것은 내가 양보할 만한 이유가 있을 경우이다. 그렇지 않으면 나는 지배 원리로서 일반적인 선을 위해 현재 적합하고 또 유용한 일을 할 수 있는 사람들의 도움으로, 되도록 그것을 잘해 나간다. 왜냐하면 나의 힘으로, 또는 다른 사람의 힘을 빌려서 내가 할 수 있는 것은 이 유일한 일, 즉 사회에 유용하고 적합한 일에만 집중되어야 하기 때문이다.

6 얼마나 많은 사람이 명성을 떨친 뒤 망각 속에 묻혀버렸던가. 그들에게 칭송을 아끼지 않았던 수많은 사람도 이미 오래전에 사라졌다.

7 남의 도움을 받는 것을 부끄러워 하지 말라. 어떤 도시를 공격하는 병사처럼 마땅히 그대에게 주어진 의무가 있고,

그것을 완수하는 것이 그대의 일이기 때문이다. 그대가 만일 절름발이여서 혼자 성벽을 올라갈 수 없다면 어떻게 해야 하겠는가.

8 미래를 두려워하지 말라. 그 미래에서 그대가 겪을 일들은 현재에서 사용하고 있는 바로 그 이성으로 처리할 수 있기 때문이다.

9 만물은 서로 얽혀 있으며 그 결합은 신성하다. 세상에 다른 사물과 전혀 관계가 없는 것은 거의 존재하지 않는다. 만물은 서로 비슷하게 만들어졌으며, 하나의 우주 속 동일한 질서를 이룩하기 위해 결합되어 있기 때문이다. 다시 말하면 존재하는 것은 사물로 만든 하나의 우주이며, 또한 모든 사물에 깃들어 있는 하나의 신이요, 하나의 실체, 하나의 법칙, 하나의 진리이기 때문이다. 똑같은 분류에 속하는, 똑같은 이성에 관련된 모든 존재에게 하나의 완성이 있는 것이다.

10 물질로 이루어진 모든 것은 우주의 본체 속에서 곧 소멸

한다. 그 원인들은 곧 우주의 이성 속으로 되돌아가며, 모든 것에 대한 기억은 영원 속에 묻힌다.

11 이성적인 존재에게는 자연의 본성에 따르는 것이 곧 이성에 따르는 것이다.

12 그대 스스로 똑바로 서라. 그렇지 못하면 다른 사람의 도움을 받아서라도 똑바로 서라.

13 이성적인 존재들의 합은 몸의 각 부분이 합쳐져서 하나의 몸이 되듯이 서로 협력해서 하나의 동일한 목적을 이루기 위해 만들어진 유기체다. 그대가 "나는 이성적 존재들로 구성된 합의 지체다"라고 한다면, 더욱 깊이 와닿을 것이다. 하지만 그대 자신을 '지체(melos)'라고 말하지 않고 '부분(meros)'이라고 말한다면, 그대는 자신과 동류인 인간을 사랑하는 것이 아니고, 선을 행하면서 기뻐하지도 못한다. 그대는 의무적으로 자비를 베풀고 선을 행할 뿐이다.

14 외부적인 것들은 나를 구성하고 있는 부분들에 영향을 끼

치기를 원하고, 실제로 나의 그 부분들은 그 일로 인해 불평할 수도 있다. 하지만 내가 그런 일들을 해로운 것이라고 판단하지만 않는다면 나는 아무런 해를 입지 않는다. 그와 같이 생각하는 것은 오로지 나 자신의 권한이다.

15 누가 무슨 행동을 하든, 무슨 말을 하든 간에 나는 선할 수 있고, 선해야 한다. 마치 금이나 에메랄드 또는 자줏빛 옷이 언제나 "누가 무슨 행동을 하거나, 또 무슨 말을 하건 간에 나는 에메랄드이며, 내 본디의 빛을 그대로 지녀야 한다"고 말하는 것처럼 말이다.

16 우리를 지배하는 이성은 자기 자신을 흐트러뜨리지 않는다. 겁이나 욕망으로 자기 자신을 괴롭히는 일도 없다. 만일 다른 사람이 그대를 괴롭히거나 고통을 준다면 그렇게 하도록 내버려두라. 그대의 이성이 그런 길로 빠져들지 않을 것이기 때문이다. 몸은 가능하면 어떤 해도 입지 않도록 피하려고 하고, 영혼 또한 마찬가지다. 하지만 이 모든 것을 주관하는 이성은 결코 그렇지 않다. 그대를 지배하는 이성은 스스로가 원하는 것에만 움직인다. 이성이

스스로 흐트러지거나 방해하지 않는 한 외부적인 것에 의해 동요되거나 가로막히지 않는다.

17 행복은 선한 신이거나 선한 이성이다. 망상이여, 이곳에서 무엇을 하고 있는가. 신의 이름으로 말한다. 왔던 길로 다시 물러가라. 다시는 얼씬하지 말라. 나에게는 네가 필요치 않다. 너는 낡은 습관에 따라 이리로 왔을 뿐이니 네게 화를 내지는 않겠으나 다만 여기서 떠나가라.

18 세상에 변화를 두려워하는 사람이 있을까. 변화 없이 그대가 할 수 있는 일이 있겠는가. 변화야말로 우주의 본성에 가까운 일이다. 나무가 땔감으로 변화하지 않는다면 어찌 따뜻한 물로 목욕할 수 있겠는가. 그대가 먹은 음식물이 변화하지 않는다면 어떻게 영양분을 섭취할 수 있겠는가. 그대가 살아가는 데 필요한 것들 중에 변화를 겪지 않은 것이 하나라도 있는가. 그대 자신에게도 변화가 필요하며, 우주의 본성에 있어서도 마찬가지로 필요하다는 것을 깨달아야 한다.

19 모든 사물은 우리 몸의 각 부분이 서로 협조하는 것처럼 저마다의 성질에 따라 전체와 협동하면서, 마치 거센 물결 속으로 운반되듯이 우주의 실체 속을 지나간다. 시간은 얼마나 많은 크리시포스를, 얼마나 많은 소크라테스를, 얼마나 많은 에픽테토스를 삼켜버렸는가? 누구를 만나든 무슨 일을 하든 너는 이것을 잊지 말라.

20 내가 바라는 단 하나는 나 자신이 인간의 본성이 허용하지 않는 일을 원하거나 행하지 않고, 인간의 본성이 허용하는 일이라 해도 원하지 않는 방식으로 행하지 않는 것이다.

21 그대는 머지않아 만물을 잊을 것이다. 그리고 만물도 머지않아 그대를 잊을 것이다.

22 실수를 저지르는 사람까지 사랑하는 것은 오직 인간만의 특성이다. 그런 이들도 동포이자 형제이고, 무지 때문에 본의 아니게 실수를 저지른 것이며, 머지않아 모두 죽음을 맞이할 것이라고 생각하면 그들을 사랑할 수 있다. 특

히 그들이 그대에게 해를 끼치지 않았다는 것을 생각해보라. 그들이 저지른 실수가 그대를 지배하는 이성에 해를 끼친 것은 아니지 않는가.

23 우주의 본성은 마치 밀랍을 만드는 것처럼 말을 만드는가 하면 다시 그것을 부수어서 나무를 만드는 데 사용한다. 그리고 다음에는 그것을 인간을 만드는 데 쓰고, 또 그다음에는 다른 것을 만드는 데 사용한다. 그리하여 이 모든 것은 짧은 시간 동안만 존재한다. 무엇을 만들든 결합과 해체는 그 사물에게 어려운 일이 아니다.

24 화난 얼굴은 본성을 거스르는 것이다. 자주 인상을 찌푸리면 모든 아름다움이 사라지고 나중에는 명랑함을 되찾을 수 없을 만큼 완전히 망가져버린다. 화내는 것은 이성을 거스르는 일인 것이다. 잘못을 저지르고 있다는 것조차 모른다면 인간이 살아갈 다른 이유가 있을까.

25 우주의 본성은 그대가 보고 있는 모든 것을 순식간에 변화시킬 것이다. 그리하여 그런 실체로 다른 사물을 만들

고, 또다시 다른 사물을 만들며, 세계를 언제나 새롭게 할 것이다.

26 어떤 사람이 그대에게 잘못을 저질렀을 때에는 곧장 그가 선악에 대한 어떤 견해를 가지고 그런 짓을 저질렀는가를 잘 생각해보라. 그대는 그의 사정을 알고나서 놀라지도 않고 화를 내지도 않을 것이다. 그저 가엾게 여길 것이다. 선악에 대하여 그대 자신도 그 사람과 똑같은 판단을 갖고 있을 것이기 때문이다. 따라서 이럴 때에는 그를 용서하는 것이 그대의 의무이다. 하지만 그대가 어떤 일에 대해 선악을 판단하지 않는다면, 잘못을 저지른 자들을 용납하기가 더 쉬울 것이다.

27 그대가 갖고 있지 않는 것에 대해서는, 이미 갖고 있는 것처럼 생각하지 말아야 한다. 그대가 가지고 있는 사물 중에서 가장 좋은 것으로 눈을 돌리고, 만일 여의치 않아 그대가 그것을 갖지 못했다면 손에 넣으려고 얼마나 갈망했을지를 생각하라. 그러나 지나치게 소중히 여겨, 그것을 잃었을 때에 너무 상심하는 일이 없도록 주의해야 한다.

28 그대 자신으로 돌아가라. 그대를 지배하는 이성은 올바른 일을 행하고 거기에서 오는 만족감에서 비롯한다.

29 감각으로 받아들인 것들은 지워버려라. 정념(情念)에 의해 조종당하지 말라. 그대의 눈앞에 있는 현재에 집중하라. 그대와 다른 사람들에게 어떤 일이 벌어지고 있는지 인식하라. 모든 대상을 원인과 재료로 나누어보라. 죽음을 늘 염두에 두어라. 다른 사람이 저지른 잘못은 그것이 행해진 곳에 그대로 내버려두어라.

30 대화할 때에는 다른 사람에게 집중하고, 지금 일어나는 일에 대해 생각하라.

31 소박하고 겸손하게 선도 아니고 악도 아닌 사물에 대해 관심을 기울이지 않으면서 그대 자신을 가꾸어라. 인류를 사랑하라. 신에게 순종하라. "만물은 법칙을 따르고 원자들만이 진정으로 존재한다"는 데모크리토스의 말처럼 법칙이 만물을 지배한다는 사실을 기억하면 그것으로 충분하다.

32 죽음에 대하여—그것이 분산(分散)이든, 원자의 분해이든, 전멸이든 간에 소멸 또는 변화일 뿐이다.

33 괴로움에 대하여—참을 수 없는 괴로움은 우리를 죽음으로 내몰지만 일정한 수준에서 지속된다면 참을 수 있다. 마음은 그 자신 속에 머물러 본래의 안정을 유지하고, 우리를 지배하는 이성은 해를 입지 않는다. 하지만 우리를 구성하고 있는 부분들이 해를 입었다면 그 괴로움에 대하여 표현하는 것이 좋다.

34 명성에 대하여—명성을 바라는 사람들의 생각을 잘 살펴보라. 그들이 어떤 사람인지, 그들이 싫어하는 것, 그들이 추구하는 것을 살펴보라. 모래가 순식간에 이전의 모래를 덮어버리듯이, 우리 삶에서도 앞서 행한 일은 나중에 행한 일에 금세 덮인다는 사실을 잘 생각해보라.

35 플라톤의 《국가》에서—"그대는 고상한 정신을 가지고 모든 시대와 모든 실재를 한눈에 바라보는 사람이 인간 삶을 위대하다고 생각하는 줄 아는가?" "그렇지 않을 것입니

다.” 그가 대답했다. “그런 사람은 죽음도 나쁘지 않다고 생각할 것이다.” “네 그렇습니다.” 이것은 사실이다.

36 안티스테네스에게서—“선을 행하고 비난을 받는 것은 고귀한 일이다.”

37 마음이 명하는 대로 여러 가지 얼굴 표정을 짓는 것은 천한 일이다. 또, 뜻대로 자기를 통제하고 이끌지 못한다는 것은 부끄러운 일이다.

38 에우리피데스에게서—“그대에게 일어나는 일들에 대해 화를 내는 것은 어리석다. 왜냐하면 그 일들은 조금도 그런 것을 염두에 두지 않기 때문이다.”

39 불멸의 신들과 우리에게 기쁨을 선사하기를 바란다.

40 에우리피데스의 《힙시필레》에서—“옥수수도 낟알이 익으면 거두어들이듯이 삶도 거두어들여야 한다. 한 사람이 태어나면 한 사람은 죽는다.”

41 에우리피데스의 《안티오페》에서—"만일 신들이 나와 내 자식들을 보살펴주지 않는다면, 거기에는 그만한 까닭이 있다."

42 에우리피데스에게서—"선과 정의는 나와 함께 있다."

43 플라톤의 《소크라테스의 변론》에서—"다른 사람이 슬피 울거나 격정을 일으킬 때 동요되지 말라."

44 플라톤의 《소크라테스의 변론》에서—"그러나 나는 이 사람에게 분명한 대답을 하고자 한다. 그것은 다음과 같다. '그대의 행동이 옳은가, 옳지 못한가 또는 선한가, 악한가' 만을 염두에 두어서는 안 되고, '살길인지 죽을 길인지'도 함께 생각해야 한다면 그것은 그대의 잘못이다."

45 플라톤의 《소크라테스의 변론》에서—"아테네 사람들이여. 누구나 자기에게 가장 훌륭한 지위라고 생각해 이를 자진하여 맡거나, 명령에 좇아 맡게 되었을 경우에, 내 견해로는 그 지위를 버리는 것은 비열한 일이다. 죽음을 무

릅쓰고 그것을 지켜야 한다."

46 플라톤의 《고르기아스》에서—"누군가의 목숨을 구해주거나 누군가 덕분에 목숨이 구해지는 일보다 고귀하고 선한 일이 있는가. 이 세상을 살아가는 사람들은, 적어도 진정한 남자라면 오래 사는 삶에 대해 집착해서는 안 된다. 그런 일은 오직 신에게 맡기고, 여인들이 흔히 하는 말대로 아무도 운명을 피할 수 없음을 믿어야 한다. 그리하여 자기에게 허락된 삶을 어떻게 하면 가장 잘 살 수 있는가를 다음 탐구로 삼아야 한다."

47 그대 자신이 함께 따라가고 있는 것처럼 저 여러 별들의 운행을 바라보라. 그리고 원소들이 서로 변화한다는 사실을 언제나 잊지 말라. 이러한 것들에 대한 사색은 삶의 더러움을 깨끗이 씻어주기 때문이다.

48 플라톤은 말했다. "인간을 논하려는 자는 더욱 높은 곳에서 지상의 사물을 내려다보아야 한다. 집회, 군대, 농부들 무리, 결혼과 이혼, 삶과 죽음, 시끄러운 법정, 적막한 사

막, 야만족, 축제, 비판과 흐느낌, 시장, 모든 혼잡, 그리고 모순과 갈등에 밑받침되어 있는 질서정연한 결합, 이 모든 일을 바라보아야 한다."

49 과거를 돌이켜보라. 수많은 왕조가 얼마나 커다란 변화를 겪었는가. 그러면 그대는 앞으로 다가올 일도 내다볼 수 있을 것이다. 과거와 미래는 서로 비슷한 형태를 취할 것이며, 또 현존하는 사물의 질서에서 벗어날 수 없기 때문이다. 따라서 40년 동안 삶을 바라본 것은 1만 년 동안 삶을 바라본 것과 같다. 더 이상 살펴보아야 할 것이 있겠는가?

50 "땅에서 자란 것은 땅으로 돌아간다. 그러나 하늘나라 씨에서 움튼 것은 하늘나라로 돌아간다"라고 에우리피데스가 말했듯이, 죽음은 서로 긴밀하게 얽혀 있던 원자들의 분해이자 무감각한 원소들의 해체다.

51 "그들은 먹고 마시는 것과 교묘한 마술로써 죽음에서 벗어나려고 생명의 흐름을 바꾸려고 한다."

"신이 보내온 바람은 감내하고 불평하지 말아야 한다."

52 적수를 쓰러뜨리는 일에는 그대보다 다른 사람이 나아도 괜찮지만, 공동체 정신이나 겸손, 적응력, 너그러움에 대해서는 그대가 다른 사람보다 나아야 한다.

53 어떤 일이, 신들과 사람들의 이성에 적응해 이루어질 때에는 두려울 것이 하나도 없다. 왜냐하면 우리의 본성에 따라 활동하여 이를 얻을 때에는 아무런 위해도 걱정할 필요가 없기 때문이다.

54 때와 장소를 가리지 않고 경건한 마음으로 그대의 현재 상태에 만족하고, 주위 사람들에게 올바르게 행동하며, 아무도 함부로 공박하지 못하도록 그대의 사상을 보전하기 위해 슬기롭게 힘쓰는 것은 그대의 권한이다.

55 다른 사람들을 지배하는 이성을 보기 위해 주위를 두리번거리지 말고, 오직 그대 본성을 이끌고 있는 것이 무엇인가를 똑바로 보라. 그대에게 일어나는 일들을 통해 우주의

본성을 바라보고, 그대가 마땅히 해야 할 일들을 통해 그대 자신의 성질을 바라보라. 저마다 그 자신의 본성에 적합한 일을 해야 한다. 그리고 이성을 갖지 않은 모든 사물은 이성을 갖고 있는 자를 위해 만들어졌다. 이성이 없는 사물 가운데 저급한 것은 우수한 것을 위해 만들어진 것이고, 이성을 지닌 자는 서로 돕기 위해 만들어진 것이다.

그러므로 인간 본성에서 중요한 첫째 원리는 공동체 의식이다. 둘째 원리는 몸의 유혹에 빠지지 않는 일이다. 이성과 지혜를 지닌 자들은 자기 자신을 억제하여 감각이나 정욕에 이끌리지 않는다. 감각이나 충동에 이끌리는 것은 동물의 수준에 속하는 것이다. 그러나 지혜에서 비롯되는 행동은 뛰어나 다른 행동에 의해 압도되지 않는다.

이성의 목적은 감각과 충동에 지배당하는 것이 아니라 그것을 지배하는 것에 있다. 셋째 원리는 오류와 기만에서 벗어나는 일이다. 그대는 이런 일을 굳게 지키고 똑바로 나아가도록 하라. 그렇게 하면 그 원리는 최초의 성능을 모두 발휘할 것이다.

56 그대가 죽었다고 생각해보라. 지금 이곳에서 그대의 생명

이 끝났다고 생각해보라. 그대에게 허락된 남은 삶은 자연에 따라 살아가야 한다.

57 오직 그대에게 일어나는 일, 운명의 실로 짜여지는 일만을 사랑하라. 그보다 더 알맞은 일이 또 있는가.

58 역경이 찾아올 때마다 전에 그와 같은 일을 당해 불평을 늘어놓던 이들을 떠올려보라. 그들은 지금 어디에 있는가. 그 어느 곳에도 없다. 그렇다면 왜 그대는 같은 행동을 하려고 하는가. 그대가 처한 역경이나, 역경을 유발한 자들이나, 그것과 관련한 모든 것을 그들의 몫으로 내버려두라.

왜 그대는 그대에게 일어난 일을 계기로 삼아 올바른 길로 들어서려고 하지 않는가. 그 길에 들어서기만 하면 그대는 그것들을 잘 활용할 수 있다. 그것들은 그대에게 유용한 재료가 될 것이다. 오직 그대 자신에게 집중하라. 그리고 그대의 모든 행위를 통해 선한 사람이 되겠노라 다짐하라. 언제나 이를 기억하라.

59 그대의 내면을 들여다보라. 그대의 마음속에는 선의 샘이 있다. 그대가 파기만 하면 언제든지 솟아날 것이다.

60 몸은 항상 단정하게 하고, 동작이나 태도에서도 규율을 지켜야 한다. 마음속에 지닌 지혜와 예절이 깊으면 얼굴에 나타나듯이, 우리의 온몸에도 그것이 깃들도록 해야 한다. 그러나 이 모든 것을 일부러 꾸며서는 안 된다.

61 삶의 기술은 무용가의 기술보다 씨름꾼의 기술에 가깝다. 왜냐하면 그것은 갑자기 닥치는 습격에 대처하기 위해 용의주도하게, 확고히 서 있어야 하기 때문이다.

62 그대가 어떤 이들로부터 인정과 칭찬을 받고 싶은가를, 그들을 지배하고 움직이는 것이 무엇인지를 언제나 생각해야 한다. 그들의 견해와 욕망의 원천을 눈여겨보다 보면, 그들의 실수나 잘못을 꾸짖지 않을 것이고, 그들의 인정이나 칭찬을 바라지도 않을 것이다.

63 플라톤은 "누구나 본의 아니게 진리를 저버리게 된다"고

말했다. 이 말은 정의와 절제, 선의를 비롯한 모든 진리를 저버리는 일에도 적용된다. 이것을 언제나 마음에 새기면 그대는 모든 사람에게 더욱 너그러워질 것이다.

64 고통을 겪을 때마다 이렇게 생각하라. 고통은 불명예가 아니고, 그대를 지배하는 이성이나 공동체 정신에 해를 끼치지도 않는다. 이와 더불어 에피쿠로스의 말을 되새겨 보면 도움이 될 것이다. "고통에는 그 한도가 있고, 상상력으로 이를 부풀리지 않으면 결코 참기 어려운 것도 아니며, 영원히 계속되는 것도 아니다." 지나치게 졸리거나 고열에 시달리거나 식욕이 없는 것 같은 불쾌한 일들도 우리가 고통이라고 인식하지는 않지만 고통이다. 그러므로 이런 일로 불만을 느낄 때에는 자기 자신에게 말하라. "너는 고통에 지고 있다."

65 잔인한 사람들을 대할 때는 그들이 다른 사람들을 대할 때 생각하는 것처럼 닮아가서는 안 된다. 이 점을 마음에 새겨라.

66 텔라우게스[32]의 인격이 소크라테스보다 못하다는 것을 우리가 어찌 알겠는가. 소크라테스가 더 고상한 죽음을 택했고, 소피스트들을 상대로 예리한 논쟁을 펼쳤으며, 추위를 무릅쓰고 밤을 새는 데 더욱 인내심이 강했고, 살라미스의 레온을 체포하도록 명령을 내렸을 때 이를 거절하는 것이 옳다고 생각했으며, 거리를 당당하게 활보한 일—이것이 사실이었는지 매우 의심스럽지만—만으로는 이를 단정하기가 어렵다.

우리는 소크라테스가 갖고 있던 영혼이 어떠했는지를 연구해야 한다. 그래서 그가 사람들에게 언제나 올바른 태도를 취했으며, 신에게 경건했다는 사실에 만족하고, 인간의 악함을 헛되이 고민하지 않았으며, 어떤 사람의 무지에도 휘말려드는 일이 없었고, 우주의 본성에 의해 자기에게 닥친 일은 무엇이건 바로 받아들여 그것을 감당키 어려운 것으로 생각지 않고 잘 견디었을 뿐만 아니라, 가엾은 몸의 여러 욕망에 대해서는 동정을 아끼지 않으면서도 자기 이해력을 어둡게 하지 않았다는 것 등 이런 일

32 피타고라스의 아들이라는 속설이 있다.

이 과연 어떠했던가를 탐구해야 한다.

67 자연은 그대를 우주 전체와 조화를 이루도록 한 것이지, 그대가 스스로 아무 일도 할 수 없도록 만들어놓은 것이 아니기 때문에, 그대는 자신의 일들을 자신의 힘으로 해나갈 수 있다. 인간은 신적인 본성을 지니고 있지만 이런 사실을 인식하는 자는 거의 없다. 이 점을 늘 마음 깊이 새겨라. 그리고 행복하게 살아가는 데에 그다지 많은 것이 필요치 않음도 명심하라. 그리하여 명망 있는 철학자나 자연에 대해 조예 깊은 과학자가 되지 못할지라도 그 때문에 자유롭고, 겸손하며, 공동체적이고, 신에게 순종하는 사람이 되는 것을 포기하지 말라.

68 세상이 그대를 마구 욕하고 꾸짖을지라도, 또한 야수가 그대의 손과 발을 물고 갈기갈기 찢어버린다고 해도, 그대는 모든 강요에서 벗어나 안정된 마음을 가질 수 있다. 이 모든 소동 속에서라도 정신을 안정시키고 주위 모든 사물을 올바르게 판단하며, 또한 모든 대상을 자기 뜻대로 사용하는 것을 아무도 방해할 수 없다. 그러므로 마음

의 판단은 맞닥뜨린 상황에 대해 이렇게 말할 것이다. "너는 쉴 새 없이 모습을 바꾸어 나타나지만 너의 본질은 이것이다." 그리고 모든 것을 받아들이고자 마음의 의지는 자신에게 주어진 것들에 대해 이렇게 말할 것이다. "너는 내가 찾던 바로 그것이다."

그대에게 주어진 모든 것은 합리적인 미덕과 정치적인 미덕의 좋은 재료다. 즉, 신이나 인간이 자신의 솜씨를 발휘하게 해줄 재료인 것이다. 이 모든 것은 새로운 것이 아니라 친숙하고 다루기 쉬운 것이라 신이나 인간이 받아들이고 재료로 사용할 수 있다.

69 도덕적 인격의 완성은 하루하루를 삶의 마지막 날처럼 보내면서 그에 대해 초조해하지 않고, 무기력하지 않으며, 위선을 부리지 않는 데 있다.

70 불멸의 신들은 오랜 시간 동안 악행을 저지르는 인간들을 무수히 많이 봐왔기 때문에 그것에 대해 결코 흥분하거나 분노를 느끼는 일이 없다. 화를 내기는커녕 온갖 방법으로 인간을 사랑한다. 그런데 곧 죽어야 할 운명에 놓여 있

는 그대는, 게다가 그대 자신이 악인의 한 사람이면서 그에 대해 인내하는 데 지쳐 있는가.

71 자기 자신의 악함에서 벗어나는 것은 완전히 가능한데도 이를 행하지 않고, 남의 악함만을 피하려고 하는 것은 참으로 우스꽝스러운 일이다.

72 그대의 이성과 공동체적인 부분이 어떤 일을 이성적이지도 않고 공동체적이지도 않다고 여길 때마다 그대는 그 일을 하지 말아야 할 일로 판단하는 것이 좋다.

73 그대가 행한 선한 일로 다른 사람이 도움을 받았을 때 그대는 왜 이 두 가지 자체로 만족하지 못하고, 이로 인해 인정과 보답을 바라는 것인가.

74 유용한 것을 거부할 사람은 없다. 유용한 것에 대한 추구는 본성에 부합하는 일이다. 그러므로 다른 사람들에게 유용한 사람이 되도록 하고, 자신에게 유용한 것을 얻는 일에 힘써라.

75 우주의 본성은 온전한 우주를 만들어냈다. 지금 존재하는 만물은 우주의 본성에 의한 질서와 그 필연적인 결과로 생겨난 것이다. 그렇지 않다면, 우주의 본성이 설정한 목표는 비이성적이라는 결론에 이른다. 이러한 사실을 염두에 두면 매사에 더욱 안정을 유지할 수 있을 것이다.

모든 것은 어떤 목적을 위해 존재한다.
그렇다면 그대는 어떤 목적을 위해 존재하는가.

1 그대의 삶 전체에서, 또는 성인이 된 후에 철학자로서 살아왔다고 할 수 없는 것을 생각하면, 그대의 명성에 대한 헛된 욕망을 버리는 데 유용하다. 그대가 철학에서 멀리 떠나 있다는 것은 그대 자신이나 다른 많은 사람이나 잘 알고 있는 사실이다. 그대는 이미 철학자라고 불리기 어려울 만큼 세속에 빠져 있고, 그대의 삶 속에서 지금까지 행해온 일들도 철학과는 거리가 멀다.

만일 그대가 진실을 제대로 바라본다면, 명성을 얻고자 하는 욕심은 버리고, 어디까지나 그대의 본성에 따라서 행하되 다른 어떤 것에도 휩쓸려서는 안 된다. 그대는 이미 삼단논법에도, 재물 속에도, 명성에도, 향락에도, 그 밖의 어디에서도 선한 삶이 없다는 것을 알고 있지 않은가.

그러면 선한 삶은 어디에 있는가. 그것은 인간의 본성이 원하는 것들을 행하는 데에 있다. 인간이 그런 삶을 살기 위해서는 어떻게 해야 하는가. 자기 감정과 행위를 다스릴 수 있는 원리를 갖고 있어야 한다. 그 원리는 선악에 관련된 것, 인간에게 선한 것은 그에게 정의와 절제와 자유를 주기 마련이라는 신념, 또 이것에 어긋나는 자는 모두가 악하다는 신념을 근본으로 한다.

2 무슨 일을 할 때에는 다음과 같이 스스로에게 물어라. "이것은 나와 무슨 관계가 있는가? 후회할 일은 아닌가? 나의 생은 짧고 다른 사람도 마찬가지다. 만일 내가 지금 이성을 지닌 한 생물로서, 그리고 공동체적인 존재로서, 또는 신의 섭리를 따르는 자로서 어떤 일을 하고 있다면, 그 이상 무엇을 구할 것인가?"

3 알렉산드로스나 율리우스 카이사르, 폼페이우스를 어떻게 디오게네스[33]나 헤라클레이토스나 소크라테스와 비교

33 기원전 4세기에 활동한 그리스의 철학자. 안티스테네스의 제자로, 견유

할 수 있겠는가. 이 세 명의 철학자는 만물을 꿰뚫어 보았으며, 그 원인과 재료를 잘 알았고, 그들을 지배하는 이성을 따라 살아갔다. 그러나 앞의 세 사람은 얼마나 많은 것을 열망했는가, 그로 인해 얼마나 많은 것의 노예가 되었던가.

4 잘 생각해보라. 그대의 가슴속에 분노가 가득하여 당장 폭발할 지경이라 하더라도 사람들은 아랑곳하지 않고 하던 일을 지속할 것이다.

5 중요한 일은 이것이다. 첫째, 모든 사물은 우주의 본성에 따르고 있으므로 그대는 허둥대거나 놀라지 말고 평정심을 유지하라. 짧은 생이 지나가면 하드리아누스나 아우구스투스처럼 기억의 저편으로 사라질 것이다. 둘째, 자신의 잘못에 항상 시선을 두고, 아울러 선한 사람이 되는 것이 자기 의무임을 기억하라. 인간 본성이 요구하는 것을 외

학파의 창시자가 되었다. 무욕과 정신적 독립을 이루기 위해 지팡이 외에는 아무것도 소유하지 않는 삶을 살았다.

면하지 말고 이를 행하며, 그대에게 가장 옳다고 생각되는 말을 하되 우호적이고 겸손하며 거짓이 없어야 한다.

6 우주의 본성이 하는 일은 사물을 이곳에서 저곳으로 옮겨 변화를 일으키고, 여기에서 취하여 저기로 운반하는 것이다. 모든 사물은 변화하므로 우리는 어떤 새로운 것에도 두려움을 느낄 필요가 없다. 모든 것은 우리가 잘 알고 있는 것의 변화이며, 그것은 공정하게 분배된다.

7 저마다의 본성은 자신의 길을 올바로 나아갈 때 스스로 만족한다. 이성적인 본성대로 나아가는 경우에는 그릇된 사상을 추종하지 않고 오직 공동체적인 행위만을 일삼으며, 정념과 욕구를 자신에게 예속된 사물에 국한시키고, 우주의 본성에 의해 자신에게 주어진 것들을 기꺼이 받아들인다. 인간의 본성은 나뭇잎의 성질이 식물의 성질에 포함되는 것처럼 우주의 본성에 포함되는 일부이기 때문이다. 다만 나뭇잎의 성질은 지각(知覺)이나 이성이 없는, 독자적인 것이 아닌 반면에 인간의 본성은 고유하게 할당된 것으로, 아무런 간섭을 받지 않고 독자적으로 활동할

수 있다. 하지만 우리는 한 개체의 본성이 아니라 그 개체가 속한 영역의 본성을 비교해보아야 한다.

8 그대에게 무언가를 깊이 연구할 시간과 능력이 없다하더라도, 교만을 다스리고 쾌락이나 고통을 뛰어넘을 수 있으며, 명예욕에 연연하지 않고, 어리석고 배은망덕한 자를 괘씸하게 여기지 않으면서 돌봐줄 여유가 있다.

9 궁정 생활에 대한 불평과 그대 스스로에 대한 자책은 아무에게도, 자신에게조차도 들리지 않게 하라.

10 후회는 유용한 어떤 것을 놓친 것에 대한 자책감이다. 선한 것은 유용한 것일 수밖에 없으니, 선을 추구하는 사람은 후회를 중요시해야 한다. 진정으로 선한 사람이라면 감각과 쾌락을 놓친 것을 후회하지 않을 것이다. 감각과 쾌락은 유익하지도 않고 선도 아니다.

11 이것의 정체는 무엇인가. 그 본성은 무엇인가. 그 실체와 재료는 무엇인가. 그 원인은 어떻게 되는가. 우주에서 무

엇을 하고 있으며, 언제까지 생존하는가.

12 잠자리에서 일어나기 싫을 때마다 이렇게 생각해야 한다. 공동체를 위한 행동을 하는 것은 자기 본성에 일치하고 인간 본성에도 일치하지만, 잠자는 것은 이성이 없는 짐승들도 하는 일이라고. 각자의 본성에 알맞은 것이 친숙하고 즐거운 것이다.

13 끊임없이, 그리고 가능하다면 하나하나의 인상이 마음속에 비칠 때마다 그것들을 물리학과 윤리학, 변증법의 원리에 적용해보라.

14 누구와 만나더라도 '이 사람은 선악에 대해 어떤 견해를 갖고 있는가'를 생각해보라. 만일 그가 쾌락과 고통의 원인이나 명성과 불명예, 삶과 죽음에 대하여 이러저러한 견해를 갖고 있다면, 그가 어떻게 행동하더라도 나는 놀라거나 이상하게 생각하지 않을 것이다. 그는 그렇게 생각하고 행동할 수밖에 없다는 것을 인정하게 될 것이다.

15 무화과나무에 무화과가 열리는 것을 보고 놀라거나 의사가 어떤 환자에게 열이 있다는 것을 알아내고 놀라거나 키잡이가 역풍에 놀라는 것이 우스운 일이듯 우주가 끊임없이 어떤 것을 탄생시키는 것에 놀라는 것 또한 마찬가지다.

16 그대의 잘못을 고쳐주는 사람의 의견에 따르는 것은, 그대의 자유를 해치는 일이 아니라는 점을 기억하라. 그대 자신의 이해와 판단에 따라서, 특히 그대의 지성에 따라서 선택한 행동이기 때문이다.

17 어떤 일에 대해 그대가 선택할 수 있다면 그대는 탓할 것이 없다. 그러나 스스로 선택할 수 없다면 그대는 누구를 탓할 것인가. 원자인가, 신들인가. 둘 다 어리석은 일이다. 그대는 무엇도 탓해서는 안 된다. 가능하다면 그 원인이 되는 자를 바로잡아라. 그것이 불가능하다면 적어도 그 일만이라도 바로잡아라. 그것마저 불가능하다면 잘못을 찾아낸다는 것이 그대에게 무슨 소용이 있겠는가.

18 죽음으로 인해 우주에서 떨어져 나가지 않는다. 만일 죽은 자가 이곳에 머물러 있다면 이곳에서 변화하여 우주의 원소로, 나 자신의 원소로 분해된다. 그 원소도 이내 변화하지만 아무 불평도 하지 않는다.

19 말이든 포도나무든 모든 것은 어떤 목적을 위해 존재한다. 태양도 "나는 어떤 목적을 위해 존재한다"고 말할 것이며, 신 또한 마찬가지일 것이다. 그렇다면 그대는 어떤 목적을 위해 존재하는가. 쾌락을 즐기기 위해서인가. 그대의 이성은 어떤 목적에 부합하는가.

20 자연은 공중으로 던진 공의 상승과 하강을 굽어보듯 그 시작에서부터 과정, 종말까지 주관한다. 하지만 공에게는 공중에 머물거나 땅에 닿는다고 해서 무슨 득실이 있겠는가. 물거품이 불어나거나 사그라든다고 해서 무슨 득실이 있는가. 촛불도 마찬가지다.

21 몸속을 뒤집어보라. 그것은 무엇인가. 그것이 노쇠하거나 병들면 어떻게 되는가, 그리고 시체가 되었을 때는 어떻

게 되는가.

칭송하는 사람과 칭송받는 사람, 기억하는 사람과 기억되는 사람 모두 짧은 생을 산다. 이런 일은 세계의 한구석에서 일어나고, 그 구석에서 살아가는 사람들 사이에서도 의견이 갈리며, 한 사람의 내면에서도 차이가 있다. 또한 지구 전체도 하나의 점에 지나지 않는다.

22 그대는 눈앞에 닥친 문제가 무엇인지, 의도가 무엇인지, 어떤 힘에 의한 것인지를 유의하라. 그대가 그토록 고민하는 것은 마땅한 일이다. 왜냐하면 그대는 오늘보다 내일 더욱 선해지려고 하기 때문이다.

23 나는 무엇을 하는가. 나는 인류의 이익을 위해 일한다. 내게 무슨 일이 일어나는가. 무슨 일이 일어나든 나는 그것을 신과 만물이 발생하는 근원에서 비롯한 것으로 여긴다.

24 목욕탕은 그대에게 이렇게 보일 것이다. 기름, 땀, 때, 구정물, 구토를 일으키는 것. 삶과 만물이 모두 그런 것이다.

25 먼저 베루스를 떠나보낸 루킬라도 이윽고 죽었다. 세쿤다는 막시무스가 죽는 것을 보았고, 이후에 세쿤다 또한 죽었다. 에피팅카노스는 디오티모스를 떠나보냈으며, 그런 후에 자신도 죽었다. 안토니누스는 파우스티나가 죽는 것을 보았고, 이후에 안토니누스 또한 죽었다. 계속해서 켈레르는 하드리아누스가 죽는 것을 보았고, 그 또한 죽었다.[34]

예리한 기지를 소유한 자들과 높은 학식을 쌓았던 자들은 지금 어디에 있는가. 카락스와 플라톤학파의 데메트리우스나 에우다이몬[35]과 같은 총명한 자들은 지금 어디에 있는가. 모두가 하루살이와 같은 삶을 살았다.

어떤 사람들은 그 짧은 생조차도 사람들에게 기억되지 않았고, 또 어떤 사람들은 우화의 영웅이 되었다. 그리고

---

34 베루스와 루킬라는 마르쿠스의 아버지와 어머니를 말한다. 세쿤다는 막시무스의 아내이고, 에피팅카노스와 디오티모스는 알려진 바가 없다. 파우스티나는 마르쿠스의 양친 안토니누스의 아내를 말한다. 켈레르는 마르쿠스의 수사학 교사였고, 하드리아누스는 황제를 말한다.

35 셋에 대해서는 정확히 알려진 바가 없으나, 데메트리우스는 견유학파 철학자이고 에우다이몬은 하드리아누스 황제의 신하였던 것으로 보인다.

또 다른 사람들은 우화 속에서도 자취를 감췄다. 그대의 몸은 원소들로 분해되고, 영혼은 소멸되어 다른 곳으로 옮겨진다는 것을 기억하라.

26 인간은 누구나 인간에게 고유한 일을 할 때 만족스러워한다. 고유한 일이란 자기 동족에게 너그럽고 선의가 충만한 것, 육체적인 욕망을 대수롭지 않게 여기는 것, 감각으로부터 오는 충동을 자제하는 것, 우주의 본성과 사물들을 잘 따르는 것이다.

27 그대와 다른 사물 사이에는 세 가지 관계가 있다. 첫째는 그대를 감싸고 있는 몸에 대한 것이고, 둘째는 만물이 생겨나는 근원인 신에 대한 것이며, 셋째는 그대와 함께 살아가는 사람들에 대한 것이다.

28 고통은 몸에 해롭거나—이때에는 몸으로 하여금 그것을 말하게 하라—영혼에 해롭다. 그러나 영혼에는 그 자신의 안정과 평온을 지키고 고통을 해롭게 생각하지 않는 능력이 있다. 모든 판단과 충동과 좋고 싫음은 마음에서 비롯

하며, 어떠한 해로움도 그 안까지 파고들지 못하기 때문이다.

29 그대 자신에게 다음의 말을 되풀이해서 그대의 망상을 없애라. "나는 내 영혼 속에 어떠한 악도, 욕망도, 번뇌도 숨어들지 못하게 할 수 있다. 나는 모든 것이 지닌 각각의 본성을 관찰하고 그 가치에 따라서 사용한다." 자연이 그대에게 준 이 능력을 기억하라.

30 원로원에서 모든 사람에게 말할 때 그가 누구든지 편견 없이 공정하게 이야기하라. 꾸밈없이 순박한 말을 하라.

31 아우구스투스의 궁정과 왕비, 공주, 자손, 선조, 누이, 아그리파, 친척, 친구, 아레이오스와 마이케나스[36], 의사, 그리고 제물을 드리는 성직자도 모두 세상을 떠났다. 다른 궁정으로 눈을 돌려보아도 개인의 죽음이 아니라 폼페이

36 아그리파와 마이케나스는 아우구스투스 황제의 친한 친구들이다. 아레이오스는 아우구스투스의 궁전에 머물던 스토아 철학자이다.

우스 가문 같은 온 일족의 죽음뿐이다. 그리고 비석 위에 적혀 있는 것, 즉 '이 가문에서 마지막 남은 사람'에게 유의하라. 그들이 후계자를 남겨두려고 얼마나 애썼던가. 그런데 누군가는 필연적으로 이 마지막 사람이 되어야 한다는 사실을 생각하라.

32 모든 행위는 삶을 질서정연하게 만드는 데 이바지해야 한다. 그리고 만일 그 하나하나의 행위가 힘이 자라는 데까지 의무를 다한다면 만족하라.

그 누구도 의무를 수행하는 그대의 행위를 방해할 수 없다. 그대의 정당하고 침착하며 신중한 행동을 방해하는 그 어떤 외적인 힘도 없다. 그러나 어떤 다른 능동적인 힘이 그대의 행동을 가로막지 않을까. 그럴지도 모른다. 그래도 그 방해를 무릅쓰고 허락되는 일에 그대의 힘을 기울이는 것만으로 만족하라. 다른 행위를 할 기회가 그대에게 찾아올 것이며, 그 기회는 지금 우리가 말하는 질서정연한 길에 있다.

33 자만하지 말고 겸손하라. 기꺼이 내어주라.

34 손이나 발이나 머리가 몸통에서 따로 떨어져 놓여 있는 모습을 본 적이 있는가. 그것은 자신에게 주어진 운명을 받아들이지 않고, 사회와 자신을 분리시킨 채로 오로지 혼자만의 공간에서 살아가는 사람의 손과 발과 머리와 같다. 이는 태어날 때부터 자연의 일부인 자신을 떼어내는 것과 같다. 그렇다 해도 되돌아간다면 스스로를 다시 자연에 결합시킬 수 있다. 오직 인간에게만 신이 허락한 특권이다. 신은 인간이 자연에서 떨어져 나가지 못하도록 했으면서도, 스스로 떨어져 나간 인간이 다시 자연으로 돌아올 수 있도록 해두었다.

35 우주의 본성은 모든 이성적인 존재에게 여러 가지 능력을 부여했다. 그러므로 우리도 다음과 같은 능력을 지니고 있다. 우주는 만물에 대해서 그것이 자신을 방해하거나 거스르는 것이라 할지라도, 우주의 질서 한 부분에 편입시키고 목적에 맞게 사용한다. 이와 같이 이성적 존재들도 모든 장애를 자기 자신의 재료로 삼고, 자기 목적을 이루기 위해 쓸 수 있다.

36 그대는 마음을 번거롭게 해서는 안 된다. 그대의 신변에 닥쳐올지도 모르는 여러 일을 한꺼번에 생각해서는 안 된다. 다만 모든 일에 부딪힐 때마다 이렇게 스스로에게 물어야 한다. "이 일은 내가 도저히 견딜 수 없는 것인가?" 그대는 자신의 질문 자체를 부끄러워하게 될 것이다. 미래도, 과거도 그대를 괴롭히지 않는다. 다만 현재만이 그대를 괴롭힌다는 사실을 기억하라. 늘 현재에 집중하고, 별것 아닌 사소한 일을 감당할 수 없다고 생각하는 그 태도를 스스로 꾸짖는다면 마음의 짐이 줄어들 것이다.

37 판테이아나 페르가모스는 여전히 자신이 모시던 주인의 무덤 옆에 앉아 있는가. 카브리아스나 디오티모스[37]는 하드리아누스 황제의 무덤 옆에 앉아 있는가. 우습기 짝이 없는 일이다. 그들이 거기 앉아 있다고 하더라도 죽은 사람이 그걸 알 수 있겠는가. 또 만일 죽은 자가 안다고 하

---

37 판테이아는 마르쿠스와 공동 황제였던 루키우스가 총애하던 정부다. 페르가모스, 카브리아스, 디오티모스는 정확히 알려진 바는 없으나 하드리아누스 황제의 신하였던 것으로 보인다.

더라도 기뻐할까. 그렇다면 그것이 영원히 존재하는 것인가. 이들도 노인이 되어 결국에는 죽게 될 운명이 아닌가. 이 모든 것이 피와 살이 썩어서 풍기는 악취에 불과하다.

38 어느 철학자의 말처럼, 밝은 눈을 가졌다면 그 눈으로 보고 가장 지혜로운 판단을 내려라.

39 이성적 존재가 지닌 본성에는 정의에 어긋나는 미덕이란 있을 수 없다. 그러나 쾌락과 반대되는 미덕, 즉 절제는 찾아볼 수 있다.

40 그대를 괴롭히는 무언가가 있다면 그것에 대한 판단을 버려라. 그대 자신이 더 이상 고통스럽지 않게 될 것이다. 이때 '자신'은 무엇인가. 이성을 말한다. 하지만 이성은 내가 아니다. 어쨌거나 그대의 이성을 고통스럽게 하지 말라. 이성이 아닌 다른 부분이 고통스러운 것이라면 그것에 대해서는 표현하게 하라.

41 감각에 걸림돌이 되는 것은 동물적인 본성에 해롭다. 마

찬가지로 충동에 걸림돌이 되는 것도 동물적인 본성에 해롭다. 또, 식물에 걸림돌이 되는 것은 식물의 본성에도 해롭다. 같은 맥락에서 이성에 걸림돌이 되는 것은 이성의 본성에 해롭다. 이제 이것을 그대 자신에게도 적용해보라. 고통이나 쾌락 같은 감각에 걸림돌이 있는가. 충동에 걸림돌이 있는가. 그렇다면 해로운 것이리라.

하지만 그대가 그 걸림돌을 일반적인 제한으로 받아들인다면 이성적인 존재로서의 그대는 더 이상 해를 입지 않는다. 이성은 그 자체로 완전하므로 걸림돌이 될 수 있는 것은 아무것도 없다. 불도, 쇠붙이도, 폭군도, 독설도 거기에 닿을 수 없기 때문이다. 그것은 마치 어떤 공이 일단 만들어진 이상, 어디까지나 공으로서의 구실을 하는 것과 같다.

42 나는 일찍이 한 번도 남을 일부러 괴롭게 한 일이 없으므로, 그 괴로움이 나에게 미치게 하는 것은 합당치 않다.

43 사람들을 기쁘게 하는 것은 저마다 다르다. 내가 기뻐하는 것은 나의 이성을 잘 지키고, 누구에게도 등을 돌리지

말며, 모든 것을 좋은 눈으로 바라보고 받아들여서 그 가치에 따라 이를 사용하는 것이다.

44 그대는 지금 이 순간에 충실하라. 죽은 후에도 명성이 남기를 바라는 자들은, 지금 그들이 감당하기 어려운 사람들이나 후대의 사람들이나 다를 바 없고 언젠가는 죽음을 맞이해야 하는 존재라는 것을 잊고 있는 것이다. 설령 후대의 사람들이 그대에 대해 이러니저러니 하는 악평이나 호평을 한다 하더라도 그것이 지금과 무슨 상관인가.

45 나를 끌고 가서 그대 마음대로 어디에든 내던져도 괜찮다. 거기에서도 나의 본성과 신성에 따라 행동할 수 있다면, 어딜 가나 평온을 누리고 만족스러워할 것이다. 장소의 변화가 나를 전보다 불행하게 하거나 악화시키고, 짓누르거나 한껏 부풀리며, 움츠러들게 하거나 활기차게 하는 이유가 될 수 없다.

46 인간에게는 본성과 따로 성립하는 일이 결코 일어나지 않는다. 소에게는 소의 본성에 맞지 않는 일이 일어나지 않

고, 포도나무에는 포도나무의 본성에 맞지 않는 일이 일어나지 않으며, 돌에는 돌의 본성에 맞지 않는 일이 일어나지 않는다. 모든 존재에게 일어나는 모든 일이 보편적이고 자연스러운데 그대는 왜 투덜대는가. 우주의 본성은 그대에게 맞지 않는 일을 부여하지 않는다.

47 그대가 외부적인 것 때문에 괴로워한다면, 그것은 그대의 판단 때문이다. 그리고 판단을 버리는 것은 그대의 권한이다. 그대를 괴롭게 하는 것이 그대 자신의 생각이라면, 얼마든지 생각을 바꿀 수 있고 아무도 그것을 방해하지 않는다. 또, 옳다고 여기는 어떤 일을 행하지 않아서 괴롭다면, 그대는 투덜대기 전에 왜 그것을 행하지 않는가.

극복하기 어려운 장애물이 있다면, 원인이 그대에게 있는 것이 아니므로 괴로워할 이유가 없다. 그 일을 하지 않고서는 삶의 가치를 찾을 수 없다면, 극복하기 어려운 장애물을 온전히 받아들이고, 마치 자신의 목적을 이룬 뒤 편안한 마음으로 죽음을 맞이하는 사람처럼 이 세상을 떠나도록 하라.

48 우리를 지배하는 이성이 지금의 상태에 만족하고, 원치 않는 것은 아무것도 행하지 않는다면, 그것이 이성적인 판단에 의한 것이라기보다는 반항심에 가까운 것이라고 할지라도, 그 지배성은 누구도 꺾을 수 없다. 이성적이고 지혜로운 판단을 할 때에도 마찬가지다. 욕망에서 벗어난 정신은 하나의 요새와 같다. 인간이 피난처로 삼고 앞날의 평안을 누릴 수 있는 곳으로서 이보다 안전한 곳은 없을 것이다. 이 사실을 모르면 무지한 것이지만, 알면서도 피난처로 삼지 않는다면 불행한 것이다.

49 첫인상이 알려주는 것 이상으로 생각하지 말라. 예컨대 어떤 사람이 그대에게 욕을 했다는 말을 들었을 때 이것은 이미 안 사실이지만, 그로 인해 그대가 상처를 받았다는 사실은 아직 알려지지 않은 것이다. 내가 어느 날 앓아누운 어린 자녀를 보아도, 그것이 내가 본 전부이지, 그 위독함을 본 것이 아니다.

언제나 첫인상이 전해주는 것만을 받아들이고 억측을 더하지 않는다면, 그대에게는 아무 일도 일어나지 않을 것이다. 이것저것 덧붙여서 생각한다면, 세상의 모든 일을 꿰뚫어보는 사람 노릇을 하는 것이다.

50 맛이 쓴 오이는 내다 버려라. 길 한복판에 나뭇가지가 있다면 피해가라. 그대가 해야 할 일은 이것으로 충분하다. 세상에 왜 이런 것이 만들어졌는가 하는 부질없는 생각은 접어라. 자연을 아는 사람들의 비웃음만 살 것이다. 그대가 목수나 구두 기능공의 일터에 가서 그들이 만든 물건에서 떨어져 나온 대팻밥이나 가죽 조각을 보고 꾸짖으면, 그들에게서 비웃음을 사게 되는 것과 같다.

그들에게는 자신들이 작업하면서 떨어져 나온 것들을 버릴 곳이 있지만, 자연은 내부에서 생기는 쓰레기들을 버릴 외부 공간이 없다. 자연은 자신에게서 비롯한 사물이 낡고 메말라 쓸데없는 것이 되면, 그것을 변화시켜 새로운 것을 만들기 때문이다. 자연은 자신에게서 비롯한 것 외에는 다른 재료를 필요로 하지 않고, 쓰레기를 버릴 공간도 필요로 하지 않는다. 그 자신의 공간에, 그 자신의 재료와 기술에 만족한다.

51 그대는 행동을 할 때 방심하지 말고, 말을 할 때는 논리에

맞는지 확인하며, 그대의 사상이 옆길로 벗어나지 않게 하라. 또, 영혼이 갇혀 있게도, 제멋대로 날뛰게 하지도 말고, 매사에 너무 서둘러서 여유를 잃어버리지 말라.

사람들이 그대를 저주하고, 토막 내고, 죽이려 한다고 생각해보라. 이런 일이 그대의 마음을 순결하게, 현명하게, 엄숙하게, 정의의 편이 되게 하는 데 무슨 상관이 있는가. 어떤 사람이 맑은 강가에 서서 물에 대한 저주를 퍼붓는다 하더라도, 강은 계속 흐를 것이다. 만일 그가 그 속에 흙덩이나 오물을 던져 넣더라도 물은 그것을 정화시킬 것이다. 어떻게 하면 그대 또한 이러한 태도를 지닐 수 있을까. 늘 선의와 겸손과 자유를 지키며 살아가면 된다.

52 우주의 질서를 알지 못하는 사람은 자기가 머무는 장소도 알지 못한다. 자신이 누구인지, 이 우주가 무슨 목적으로 존재하는지 알지 못한다. 고로 자신이 존재하는 이유도 알지 못한다. 이런 사람으로부터 박수와 칭송을 받고 싶어 하는 사람에 대해 어떻게 생각하는가.

53 그대는 매 시간마다 세 번씩 스스로를 저주하는 사람에게

서 칭송을 받고자 하는가. 그대는 스스로에게조차 인정받지 못하는 사람에게 인정을 받고자 하는가. 자기가 하는 거의 모든 일을 후회하는 사람이 자기 자신을 기쁘게 할 수 있을까.

54 그대는 숨을 쉬기 위해서만 공기를 취하지 말고, 지성을 얻기 위해서 만물을 취하는 자세를 지녀라. 공기를 마시려는 사람의 주위에 공기가 가득한 것처럼, 지성을 받아들이려는 사람의 주위에는 지혜가 모든 사물에 깃들어 있기 때문이다.

55 악의는 우주에 조금도 해를 끼치지 않는다. 그리고 어느 개인의 악의는 남에게 해를 끼치지 않는다. 그것은 마음을 먹기만 하면 곧장 그 악의를 제거할 수 있는 사람에게만, 즉 자기 자신에게만 해롭다.

56 다른 사람의 의지는 그의 몸과 호흡처럼 나의 의지와는 아무 관계가 없다. 인간은 서로를 도우며 산다고 하지만, 각자를 지배하는 이성은 고유한 것이다. 그렇지 않다면

다른 사람의 악한 의지에 내가 해를 입게 된다. 신은 각자의 운명은 각자에게 맡겼다.

57 햇빛은 사방으로 쏟아지지만 사라지지 않는다. 그 자체가 하나의 확장이기 때문이다. 햇빛은 확장되어 나가는 선이다. 아무리 작은 틈새라도 들어와서 직선을 이루고 길게 확장되다가, 공기가 뚫고 지나가는 것을 가로막는 물체를 만나면 굴절된다. 이때의 햇빛은 방향을 튼 것일 뿐 물체를 돌파하지 못하여 미끄러지거나 추락한 것이 아니다. 우리의 생각도 햇빛과 같아야 한다. 쏟아져서 없어지는 것이 아니라 선처럼 확장되어야 하고, 장애물을 만났을 때에는 유연하게 생각을 전환할 줄 알아야 한다. 우리의 생각이 나아가는 길을 가로막는 장애물은 빛을 받지 못하는 것이다.

58 죽음을 두려워하는 사람은 감각의 상실을 두려워하거나 다른 감각을 두려워하는 것이다. 만일 그대가 죽은 뒤에 모든 감각을 잃어버린다면, 그대에게 좋지 않은 일이 일어나더라도 아무런 해를 입지 않을 것이다. 하지만 다른

종류의 감각을 갖게 된다면 그대는 다른 종류의 존재가 되고 삶은 지속될 것이다.

59 인류는 서로를 위해 존재한다. 그러므로 다른 사람을 가르치고 인내해야 한다.

60 화살이 날아가는 데에도, 마음이 움직이는 데에도 길이 따로 있다. 화살은 늘 목표한 곳으로 나아가지만, 마음은 어떤 때에는 올바르게 나아가는 것처럼 보이고 어떤 때에는 곤두박질치는 것처럼 보인다. 그러나 마음은 항상 자신의 목표를 향해 나아간다.

61 다른 사람의 지배적 이성을 헤아려보고, 다른 사람 또한 그대의 지배적 이성을 헤아려보게 하라.

인간도 신도 우주도

각자에게 알맞은 계절에 열매를 생산한다.

이성적인 존재는 만물을 위해 그리고 자신을 위해 열매를 맺는다.

1 불의를 저지르는 것은 신의 뜻을 거스르는 것과 다름없다. 우주의 본성은 이성적 존재들로 하여금 서로에게 도움을 주도록 만든 것이지, 서로에게 해악을 끼치라고 만든 것이 아니기 때문이다. 이러한 목적에 반하는 행동을 하는 사람은 신에게 큰 죄를 저지르는 것이다.

거짓말을 하는 자도 이런 죄를 저지르게 된다. 우주의 본성은 현재 존재하는 것들의 본성이고, 현재 존재하는 것들은 이전에 존재했던 것들과 연결되어 있기 때문이다. 이러한 우주의 본성이 만물의 제1원인이고, 우리는 이것을 진리라 부른다. 의도적으로 거짓말하는 것도, 본의 아니게 거짓말하는 것도 우주의 본성에 어긋나고, 질서에서 벗어나는 행위이므로 신에게 불경한 것이다. 진리에 어긋나는 일을 위해 자기 욕망을 움직이는 자는, 우주의 본성으로부터 참과 거짓을 분별하는 능력을 부여받았음에도 불구하고 이를 사용하지 않기 때문에 그 능력을 상실한다.

또한, 쾌락을 선으로 추구하고, 고통을 악으로 회피하는 것도 죄에 해당한다. 이러한 인간은 반드시 우주의 본성을 두고 여러 가지 트집을 잡는다. 이를테면 우주의 본성은 선하고 악한 모든 사람의 본성에 어긋나게, 불공평하게 사물을 지정한다는 것인데, 악인은 쾌락을 누릴 수 있는 모든 사물을 가지는 반면, 선인은 고통스러운 환경에 처하여 힘겹게 살아가는 것을 두고 하는 말이다.

고통을 두려워하는 인간이 우주에서 일어나는 일들을 보고 자주 두려움에 빠지고, 쾌락을 추구하는 인간이 불의를 따지지 않는 것 또한 신의 뜻에 반한다.

우주의 본성을 따르는 자는 우주의 본성이 어떤 것을 다루는 방식도 따라야 한다. 우주의 본성이 쾌락과 고통을 똑같이 대하고자 한 것이 아니라면, 애초에 어느 것도 만들지 않았을 것이다. 따라서 쾌락과 고통, 죽음과 삶, 명예와 불명예를 우주의 본성이 공평하게 다루듯이 해야 한다. 거듭 말하지만 우주의 본성은 이런 것들을 공평하게 다룬다. 이것이 의미하는 바는, 우주의 본성이 태초에 섭리에 따른 질서정연한 우주를 만들 때 먼저 원리들을 정하고 실재와 변화에 따라 이 모든 것을 연속적으로 이어 나갈 힘을 결정했는데, 우리가 앞서 말한 모든 것이 바로 이러한 원리와 연쇄 속에서 현재 존재하는 것들과 앞으로 존재할 것들에 공평하게 일어나도록 정해놓았다는 것이다.

2 거짓과 위선과 사치와 교만을 전혀 경험하지 않고 인류를 떠난다면 가장 행복한 인간의 운명일 것이다. 또한, 이 모든 것을 충분히 겪은 뒤에 그에 대한 환멸을 느끼며 숨을 거두는 것이 그다음으로 좋은 여행일 것이다. 그대가 이 둘 중 어느 쪽도 아니라면 그대에게 묻겠다. 그대는 악덕에 머물려고 하는가. 그대가 겪은 경험이 그 역겨운 병에서 벗어나도록 그대를 깨우치지 않았는가.

악덕으로 가득 찬 마음은 우리를 에워싸고 있는 공기의 어떤 오염보다도 더한 질병을 불러온다. 공기의 오염은 동식물을 쓰러지게 하고, 악덕으로 가득 찬 마음은 인간성을 위협한다.

3 죽음을 하찮은 것으로 대하지 말고 기꺼이 받아들여라. 죽음도 자연의 뜻이라는 것을 기억하라. 인간이 성장하여 청년이 되고 장년과 노년에 접어들면서, 더 상세하게는 이가 나고, 수염이 자라며, 머리가 세는 것, 임신을 하고 출산을 하는 이 모든 과정은 자연의 일부에 해당한다. 분해의 과정에 해당하는 죽음에 대해 무관심하거나 초조해하지 말고, 다만 자연이 정한 과정 중 하나로 여기고 담담히 받아들이는 것이 이성적 존재인 인간에게 어울리는 태도다.

그러므로 그대 아내의 자궁에서 아기가 태어나기를 기다리는 것 같은 심정으로 그 몸에서 그대의 영혼이 빠져나가는 때를 기다려야 한다. 그러나 만일 그대가 마음 내키는 대로 거친 방법을 쓰고자 한다면, 그대에게서 떨어져 나가게 될 모든 것에 대하여 생각해보라. 그대가 이별해야 할 모든 사람에 대하여 생각해보라.

그대가 이별해야 할 상대는 그대가 따르는 원리를 가지고 살아가는 사람들이 아닐 것이다. 그대가 따르는 원리를 가지고 살아가는 사람들과 함께 해왔다면 애초에 그대가 거친 방법을 쓰려고 하지 않았을 테니 말이다. 그대는 사람들과 갈등을 빚으며 살아가는 것이 너무나 힘들어서 이렇게 절규하고 있는 것이지 않는가. "아, 죽음이여! 어서 오라. 그렇지 않으면 나도 나 자신을 잊어버리고 말 것이다."

4 악을 저지르는 사람은 자기 자신에게 악을 저지르는 것이다. 불의를 행하는 자는 자기 자신에게 불의를 행하는 것이다. 결국 악하게 되고 해를 입는 것은 자기 자신이다.

5 어떤 일을 하는 것뿐만 아니라 어떤 일을 하지 않는 것도 불의가 될 수 있다.

6 현재의 판단이 이성적이고, 현재의 행동이 공동체를 위한 것이며, 현재 이 세상에서 일어나는 모든 일에 만족하고 있다면 그것으로 충분하다.

7 상상력을 버려라. 욕망을 눌러라. 정욕을 억제하라. 이성이 그 고유의 힘을 갖게 하라.

8 이성이 없는 존재에게는 하나의 생명이 주어져 있을 뿐이다. 반면, 이성을 가진 존재에게는 하나의 지혜로운 영혼이 주어져 있다. 이는 땅 위에 살아가는 모든 존재에게 하나의 땅이 있는 것처럼, 눈을 지닌 존재가 하나의 빛을 보고, 생명을 지닌 존재가 하나의 공기를 통해 호흡하는 것과 같다.

9 어떤 공통적인 것을 공유하고 있는 모든 것은 자기와 똑같은 것에 이끌리고 움직인다. 땅에 속하는 만물은 땅을 향해 움직이고, 액체는 함께 흐르며, 기체도 마찬가지다. 그러므로 그것들을 분리시키려면 물리적인 힘이 필요하다.

불은 상승하려는 성질을 지니고 있지만, 낮은 곳에 있는 불에 속한 모든 것에 쉽게 이끌려서 불타오른다. 우주의 본성을 공유하고 있는 모든 존재도 마찬가지인데, 자기 자신과 비슷한 것을 향해 더욱 강력한 이끌림으로 움직인다. 다른 것들과 비교해보면 더욱 우월한 존재이기 때문에 서로 융화하려는 성질이 강하다.

벌이나 소, 새와 같은 이성을 지니지 않은 존재들도 새끼를 양육을 하고, 무리를 지어 살아가는 모습을 볼 수 있는데, 동물에게도 영혼이 있기 때문이다. 그리고 우수한 동물일수록 공동체를 이루는 힘이 강하다. 풀이나 돌이나 나무에게서는 결코 그 힘을 발견할 수 없다.

이성을 지닌 존재들은 정치 집단, 친구, 가족, 집회 등의 공동체를 구성하고, 전쟁을 할 때에도 조약을 맺고 휴전을 합의한다. 하늘의 별들처럼 더욱 우월한 존재들은 서로 분리되어 있지만 하나의 질서로 이어져 있다. 이렇게 우월한 존재일수록 더 강력한 연대성이 내재되어 있다.

그런데 지금 눈앞에서는 어떤 일이 벌어지고 있는가. 이성을 지닌 존재들이 융화하여 하나가 되고자 하는 성질을 저버렸으며, 서로를 도우며 살아가고자 하는 목적도 잊은 지 오래다. 그러나 사람들이 아무리 융화를 피하려 해도 서로에게 이끌리는 본성이 더 강하므로 피할 수 없다. 인간에게서 완전히 분리된 인간을 찾는 것보다 흙에서 완전히 분리된 흙을 찾는 편이 더 빠를 것이다.

10 인간도 신도 우주도 함께 열매를 맺는다. 각자에게 알맞은 계절에 열매를 생산한다. 열매를 맺는 일이 포도나무와 같은 과실수에만 해당하는 말이더라도 상관없다. 이성

은 만물을 위해 그리고 그 자신을 위해 열매를 맺는다. 그리하여 자신과 동일한 본성을 지닌 다른 것을 생산한다.

11 가능하다면 그대는 악을 저지르는 사람들을 잘 타일러 이를 고치게 하라. 그러나 만일 그렇게 할 수 없으면, 이런 목적을 위해 관용이라는 것이 그대에게 부여되어 있다는 사실을 마음에 새겨라. 신 또한 그런 자들에게 선의를 베풀고, 건강과 재물과 명성을 얻을 수 있도록 도와준다. 그대가 이렇게 하고자 할 때 방해물이 있다면 내게 말해보라.

12 그대는 비참한 노예처럼 일해서는 안 된다. 또, 동정을 받거나 칭송을 받기 위해 일해서도 안 된다. 다만 그대의 정신을 오직 한 가지 일에 집중시켜 공동체적인 이성이 요구하는 대로 그대 자신을 움직이고 억제하라.

13 오늘 나는 모든 괴로움에서 벗어났다. 아니, 모든 괴로움을 던져버렸다고 해야 할 것이다. 왜냐하면 그것은 내 마음 밖에 있는 것이 아니라 내 마음 안에, 내 판단에 있기 때문이다.

14 모든 것은 경험적으로는 이미 친숙한 것들이고, 시간적으로는 하루살이와 같으며, 재료적으로는 가치가 없는 것들이다. 모든 것은 우리가 묻어준 사람들의 시대에 있었던 것과 다르지 않다.

15 사물은 우리 바깥에서 다만 존재할 뿐 그 자신을 모르고, 아무런 비판도 하지 않는다. 그렇다면 사물에 대해 누가 비판하는 것인가. 바로 우리의 이성이다.

16 이성적이고 공동체적인 존재의 선악은 수동성이 아닌 능동성에 의한다. 마치 미덕과 악덕이 우리가 행하는 일에 따라 달라지는 것과 같다.

17 아래로 떨어지는 돌이 악이 아닌 것처럼 위로 던진 돌이 선은 아니다.

18 사람들을 지배하고 있는 원리를 자세히 살펴보라. 그렇게 하면 그대가 어떤 판단을 내리는 자들을 두려워하는지, 또 그들의 판단이 얼마나 어리석은 것인지를 알 수 있다.

19 모든 사물은 변화를 겪고, 그대 자신도 끊임없이 변화하면서 어떤 의미에서는 소멸을 향해 달려가는 중이다. 우주 또한 마찬가지이다.

20 다른 사람이 저지른 악행은 그곳에 두어라.

21 활동의 중지, 운동이나 판단의 중지는 어느 면에서 그 죽음을 뜻하지만 해악은 아니다. 지금 그대의 삶을 생각해보라. 어린이로서, 청년으로서, 성인으로서, 노인으로서 그대의 삶을 잘 생각해보라. 저마다의 시기에서 겪은 모든 변화는 죽음이었다. 이런 변화가 두려운가. 그대 할아버지의 삶을 떠올려보라. 그리고 아버지와 어머니의 삶을 생각해보라. 거기서 차이점을 찾아내거든 "그래서 두려운 부분이 있는가" 스스로에게 물어보라. 삶의 중단이나 단절이나 변화는 두려운 일이 아니다.

22 그대를 지배하고 있는 이성과 우주를 지배하고 있는 이성, 그대의 이웃을 지배하고 있는 이성을 알아보라. 그대의 행동을 바르게 하기 위해서는 그대 자신의 이성을, 스

스로 우주의 한 부분임을 잊지 않기 위해서는 우주를 지배하고 있는 이성을 검토해보아라. 그리고 그대의 이웃이 무지하여 그런 행동을 했는지, 알면서도 그런 행동을 했는지를 가려내고, 그들을 지배하고 있는 이성이 그대의 이성과 비슷한지 살펴보아라.

23 그대가 공동체의 한 구성원이듯, 그대의 모든 행동이 공동체적인 삶에 부합하도록 하라. 그대의 행동이 공동체적인 목적에 직접적으로나 간접적으로나 아무런 관계를 갖고 있지 않다고 생각한다면, 그것이 그대의 삶을 질서에서 벗어나게 하고, 혼자서 단절된 채 살아가는 사람으로 만들 것이다.

24 어린아이들의 싸움이나 놀이와 같은 인생, 시체를 끌고 다니는 가련한 영혼이라는 말, 죽음의 세계로 향한 오디세우스, 이와 같은 것들이 죽음에 대해 더 와닿게 해준다.

25 사물의 근원과 그 재료를 분리하여 바라보라. 그리고 그 사물이 어느 정도의 시간 동안 존속할 수 있는지 알아보라.

26 그대를 지배하는 이성이 자연에 의해 정해진 일들을 하는 데 만족하지 않기 때문에, 그대의 마음에 커다란 괴로움이 있었다. 그게 전부다.

27 다른 사람이 그대를 비난하거나 미워할 때에는, 그리고 그대를 깎아내리는 말을 할 때에는 그들의 가엾은 영혼을 들여다보고, 그가 어떤 사람인지 알아내라. 그렇게 하면 그들이 그대에게 어떤 생각을 품고 있든지 상심할 까닭이 없음을 깨닫게 될 것이다. 그들도 본성에 있어서는 그대의 벗이므로 친절히 대해주어야 한다. 신 또한 가치 있는 일을 이룩하기 위해 꿈이나 신탁과 같은 여러 가지 방법으로 그들을 돕고 있다.

28 우주의 순환은 항상 동일하게 영원히 올라가는 길과 내려가는 길[38]에 따르고 있다. 우주의 이성이 움직이면서 무수히 많은 개별적인 일들이 존재하는 것이라면 기꺼이 받아

---

38 고대 그리스의 자연철학자들이 말한 것으로, 올라가는 길과 내려가는 길은 생성과 소멸의 반복을 뜻한다.

들어라. 혹은 오직 한 번의 움직임으로 모든 것이 생겨났다면 우주는 더 이상 나눌 수 없는 원소들로 이루어진 것이고, 그 원소들이 만물의 근원이 된다. 신이 우주를 지배한다면 그것으로 충분하다. 만약 우연이 지배한다고 해도, 그대가 자신의 운명을 우연에 맡기지 않고 살아가면 된다.

이윽고 흙이 우리 모두를 뒤덮을 것이다. 그다음엔 흙도 변화할 것이고, 그 결과로 생겨난 것들도 영원히 변화를 거듭할 것이다. 밀려왔다가 밀려가는 파도처럼 계속해서 일어나는 변화와 변형을 살펴보면, 생성과 소멸이 대수롭지 않게 되리라.

29 우주 생성의 큰 원인은 겨울의 급류와 같다. 그것은 모든 사물을 휩쓸어간다. 이 가운데 스스로 정치에 몰두하면서 철학자처럼 행동하고 있다고 생각하는 가련한 사람들은 얼마나 무가치한 존재인가. 모두가 허튼소리를 지껄이는 자들이다.

그렇다면 인간이여, 도대체 무엇을 하고 있는가. 자연과 본성이 요구하는 그대 자신의 일을 시작하라. 다른 사람들이 그대를 알아주기를 바라지 말라. 플라톤이 말한 이상국가를 기대하지 말라. 다만 가장 작은 일이 순조롭게 진행되고 있으면 이에 만족하고, 그것을 작은 일로 생각지 말라.

사람들의 신념을 바꿀 수 있는가. 신념이 움직이지 않으면 복종하지 않으면서 그런 체하는 노예일 뿐이다. 그대들이여, 이리 와서 알렉산드로스나 필리포스나 팔레론의 데메트리오스 등에 대해 이야기해보라. 그들이 우주의 본성을 알고 그것을 따른 것이라면, 나 또한 기꺼이 그들을 따를 것이다. 그러나 그들이 단지 그런 체했다면, 그들을 본받지 않았다고 해서 아무도 나를 탓하지는 않으리라. 철학은 나를 과시하게 하지 않도록 단순과 겸손으로 이끈다.

30 높은 곳에서 내려다보라. 그곳에는 몰려다니는 사람들과 그들이 행하는 예식들, 고요하다가도 폭풍우가 몰아치는 바다를 항해하는 배들, 이제 막 태어나서 함께 살다 죽어가는 사람들, 고대 사람들이 기록한 삶, 후대 사람들의 삶, 현재 야만인들이 살고 있는 삶을 생각해보라. 그리고 얼

마나 많은 사람이 그대의 이름조차 모르고 있으며, 얼마나 많은 사람이 그대의 이름을 잊게 될 것인가를, 또한 그대를 칭찬하던 사람들이 이윽고 그대를 비난할 것이며, 또 후세의 명예도 현세의 명예도, 그 밖에 무엇이건 얼마나 보잘것없는 것인가를 깊이 생각해보라.

31 외부적인 원인에 의해 일어난 일로 마음을 괴롭히지 말고, 내부적인 원인에 의해 일어난 일에 대해서는 올바르게 대처해야 한다. 오직 그대의 본성에 알맞는 공동체적 행위를 행하라.

32 그대를 괴롭히는 사물 가운데에서 쓸데없는 여러 가지를 그대는 없애버릴 수 있다. 왜냐하면 그것들은 완전히 그대의 판단에 달려 있기 때문이다. 그렇게 하면 그대는 마음속에서 전 우주를 이해하고, 영원한 시간을 바라보며, 모든 일과 모든 사물의 재빠른 변화를 관찰하고, 만물의 탄생과 소멸이 얼마나 짧은 시간 동안 이루어지는지를 알게 되며, 탄생 이전의 끝없는 시간과 마찬가지로 소멸 이후의 끝없는 시간을 생각함으로써 그대 자신을 위한 충분

한 여유를 갖게 될 것이다.

33 그대가 바라보는 모든 것은 순식간에 멸망하고, 그 소멸의 관찰자였던 사람들도 곧 죽어 없어질 것이다. 매우 오래 살다가 죽는 사람도 일찍 죽는 사람과 마찬가지다.

34 이 사람들을 지배하고 있는 원리는 무엇인가, 어떤 일에 몰두하고 있는가, 그들이 그 일을 사랑하는 이유는 무엇인가. 그들의 마음을 적나라하게 들여다보라. 그들이 비난으로써, 또 칭찬으로써 사람들에게 해악과 유익을 줄 수 있다고 생각한다면, 그것은 얼마나 어처구니없는 생각인가.

35 상실은 변화에 지나지 않는다. 우주의 성질은 변화를 즐기고 그 본성에 따르는 것은 모두가 순조롭다. 그리하여 영원한 옛날부터 같은 형상으로 만물을 만들었으며, 또 앞으로도 언제나 그럴 것이다. 그런데 왜 그대는 만물은 예부터 악한 것이었고 또 앞으로도 여전히 그럴 것이며, 신이 이것들을 고치려고 했지만 아무런 효과도 보지 못했

고, 세계는 영원히 악할 수밖에 없는 운명에 놓여 있다고 말하려는가.

36 물질의 부패가 바로 만물의 기초이다. 물이 되고, 티끌이 되며, 뼛조각이 되고, 오물이 된다. 또 대리석은 흙의 결정에 지나지 않고 금과 은은 그 침전물에 지나지 않으며, 옷은 한 줌의 털로 짜여 있고, 자줏빛 물감은 피로 이루어져 있다. 그 밖의 모든 사물이 이렇다. 그리고 숨 쉬는 생물도 같은 종류에 속하는 다른 사물이며, 다만 이것에서 저것으로 변화했을 뿐이다.

37 비참한 삶에 대해 토로하면서 매일을 보내는 것이 지겹지도 않은가. 삶에서 무슨 새로운 것이 있겠는가. 무엇이 그대 마음을 불안하게 만드는가. 이 모든 것의 원인 때문인가. 생각해보라. 아니면 그 재료가 되는 것 때문인가. 생각해보라. 원인과 재료, 이 두 가지 때문이다. 이제는 신들과 가까이하여 단순해지고 선량해져라. 이러한 문제는 100년 동안 탐구하든 3년 동안 탐구하든 마찬가지의 결과만 있을 뿐이다.

38 악행을 저지르는 사람은 자기 자신에게 해를 입힐 뿐이다. 어쩌면 그 사람은 잘못한 것이 아닐 수도 있다.

39 만물이 하나의 지혜로운 원인에서 생겨나 하나의 유기체를 형성한다면, 모든 일이 하나의 유기체의 이익을 위해 일어나기 때문에 불평해서는 안 된다. 한편, 우주에는 다만 원자의 결합과 분해 말고는 아무것도 없다고 한다면, 그대는 초조해하지 말고 그대를 지배하는 이성에게 말하라. "그대는 죽었는가? 그대는 부패했는가? 그대는 위선을 일삼고 있는가? 그대는 짐승이 되었는가? 그대는 다른 사람들과 무리를 지어 배를 불리는 일에 만족하는가?"

40 신이 능력을 가졌는가 또는 갖지 않았는가 둘 중에 하나다. 만일 신이 능력을 갖고 있지 않다면 그대는 왜 신을 향해 기도하는가. 또, 만일 신이 능력을 갖고 있다면 그대는 왜 어떤 일에 대해서 욕망하거나 두려워하는 마음을 사라지게 해달라고 기도하지 않는가.

그대에게 이런저런 일들이 닥쳐오지 않게 해달라고 기도하지 말고, 그 어떤 일에도 욕망이나 두려움을 느끼지 않게 해달라고 기도하라. 신이 인간과 함께한다면 이 목적을 위해서라도 함께할 것이다.

그러나 그대는 아마도 신이 이러한 능력을 그대의 권한 안에 두었다고 말할지도 모른다. 그렇다면 그대의 권한에 속해 있지 않는 것을 노예처럼 비천하게 바라기보다는, 그대의 권한에 속하는 것을 자유롭게 사용하는 편이 낫지 않겠는가. 그리고 어느 누가 신이 그대의 권한에 속하는 일에 대해서는 도와주지 않는다고 말했는가. 어서 그런 일을 위해 기도하라. 그렇게 하면 곧 알 수 있을 것이다.

어떤 사람은 이렇게 기도한다. "저 여자와 잠자리를 같이하려면 어떻게 해야 합니까." 하지만 그대는 이렇게 기도하라. "어떻게 하면 저 여자와 잠자리를 같이하기를 바라지 않을 수 있습니까." 또 어떤 사람은 이렇게 기도한다. "어떻게 하면 이 어려운 일에서 벗어날 수 있습니까." 그러나 그대는 이렇게 기도하라. "어떻게 하면 이 일에서 벗어나려고 하지 않을 수 있습니까."

또 다른 사람은 이렇게 기도한다. "어떻게 하면 이 어린 자식을 잃지 않을 수 있습니까." 그렇지만 그대는 "어떻게 하면 어린 자식을 잃는 일을 두려워하지 않을 수 있습니까." 이렇게 기도하면서 무슨 일이 일어나는지 기다려보라.

41 에피쿠로스는 말했다. "내가 병을 앓을 때 나는 몸의 괴로움에 대해 이야기하지 않았다. 그리고 나를 찾아와 위로해준 사람들도 모두 마찬가지였다. 나는 여전히 자연의 원리를 논했다. 가련한 몸속에서 일어나는 변화에 대해 이해하면서도 결코 마음을 어지럽히지 않고 자신의 미덕을 추구할 수 있는지를 고민했다. 그리고 나는 의사들에게 그들이 제법 큰일이라도 하는 것처럼 엄숙한 표정을 지을 기회를 주지 않았으며, 내 삶은 여전히 순조롭고 행복했다."

그러므로 그대도 병에 걸렸을 때나, 그 밖의 어려움에 부딪혔을 때 에피쿠로스처럼 태연해야 한다. 우리가 어떤 일을 당할지라도 철학을 벗어나지 않고, 자연의 본성을 알지 못하는 무지한 사람들과 쓸데없는 이야기를 주고받지 않는 것이 모든 철학의 근본 태도이기 때문이다. 그대가 해야 할 일과 그 일의 수단을 찾는 데 집중하라.

42 어떤 사람의 행동으로 인해 마음이 상했을 때에는 스스로에게 이렇게 물어보아라. "부끄러워할 줄 모르는 사람들이 세상에 존재하지 않는다는 것이 가능한가." 그런 일은 불가능하다. 그 사람도 반드시 이 세상에 있어야 하는 뻔뻔스러운 부류에 속하기 때문이다. 악한 사람, 사기꾼, 그 밖의 모든 잘못을 저지르는 사람들과 만나게 되면 이처럼 생각하라.

그런 사람들을 이 세상에 존재하지 못하게 한다는 것은 불가능하다는 사실을 깨닫자마자 그대는 모든 사람에게 더욱더 친절한 마음을 갖게 될 것이다. 그리고 자연이나 여러 가지 악행에 맞서기 위해 인간에게 어떤 미덕이 주어져 있는가를 살펴볼 필요가 있다.

자연은 어리석은 인간에 대한 해독제로서 온화한 마음씨를 주고, 그 밖의 다른 부류의 사람들에게 대항하기 위해서는 다른 힘을 부여하고 있다. 그러므로 어떤 경우에 있어서나 잘못된 길에 빠진 사람들을 가르치고 건져내는 것은 가능한 일이다. 잘못을 저지르는 사람들은 저마다 목표를 잃고 그릇된 길에 빠져 있다.

그대는 무슨 해를 입었는가. 그대가 미워하는 사람들

가운데 그대의 정신을 더럽힌 자는 하나도 없을 것이다. 해를 입었다면 그대의 마음이 자초한 일이다. 교양 없는 사람이 교양 없는 짓을 한 것이 무슨 해가 있겠는가. 그런 사람은 그런 잘못을 저지른다는 사실을 미리 알지 못한 그대 자신의 책임이 아닌가. 그대에게는 그런 사람이 저지를 수 있는 잘못에 대해 짐작할 이성이 있는데도 그것을 잊어버리고 그의 잘못에 대해서만 놀라고 있다.

어떤 사람을 믿음이 없는 자, 또는 은혜를 모르는 자라고 비난할 때에는 언제나 그대 자신을 먼저 돌아보라. 그대가 그런 사람이 약속을 지키리라 믿었거나 또는 친절을 보이면서도 충분한 은혜를 베풀지 않았을 경우에, 즉 그대의 행위에서 모든 이득을 그가 받게끔 하지 않았을 경우에 그 잘못은 분명히 그대에게 있기 때문이다.

그대는 어떤 사람에게 은혜를 베풀 때 그 은혜 이상의 무엇을 바라는가. 그대는 자신의 본성에 합당한 일을 한 것만으로 만족해야 한다. 보답을 바란다면 눈이 보는 일로 보답을 바라고, 발이 걷는 일로 보답을 바라는 것과 다름없다. 눈이나 발과 같은 기관들은 특별한 목적을 갖고 만들어진 것이므로, 자기 본성에 따라서 소임을 다하면 그것으로 충분하다.

마찬가지로 인간은 남에게 자선을 베풀도록 만들어졌으니, 자기 본성에 따라 다른 사람이나 공동체에 이득을 주었을 때에는 그 자체로 충분한 것이다.

참된 삶의 원리를 깊이 이해하는 사람은
아주 짧은 교훈만으로도 진리를 깨우치고
곧 슬픔과 두려움에서 벗어난다.

1 그렇다면 나의 영혼이여, 그대는 자신을 감싸고 있는 몸보다 더 선하고 단순하며, 솔직하고 명백해질 수는 없는가. 언제나 사랑이 풍성하고 자애로움이 넘칠 수는 없는가. 자신에게 만족하여 아무런 결핍도 느끼지 않고, 쾌락을 위해 생물이나 무생물을 탐내지 않으며, 또 아무것도 동경하지 않을 수는 없는가. 그리고 쾌락을 오래 누리거나 안락한 생활을 보내기 위해 아늑한 곳과 온화한 기후 또는 평화스러운 사회를 더 이상 바라지 않을 수는 없는가.

그대는 다만 현재 처지에 만족하고 그대 주위에 있는 모든 것을 달게 받아들이며, 그대가 지닌 모든 것이 신이 보내준 것으로서 그대에게 선하다는 사실을 이해할 수 없는가.

만물을 생성하고 유지하며, 분해되면 다시 생성하기 위

해 만물을 끌어안는 선하고, 정의롭고, 아름다운 신이 일으키는 일은 그대에게 모두 좋은 일이다. 모든 것은 가장 선한 것을 위해 사용되고, 지금도 선하고 앞으로도 선할 것임을 확신한 뒤에야 그대의 현실과 주어진 것들에 기뻐할 것인가. 그대는 신과 또 사람들과 공동체를 이루고 살아가는 동안 그들에게서 결함을 찾지 않고, 그들로부터 비난을 받지 않는 존재가 될 수 없는가.

2 그대가 자연을 따라 살아가는 동안은 그대의 본성이 원하는 바를 잘 살펴보아야 한다. 그리하여 그대의 본성이 그대 자신에게 아무런 해도 끼치지 않는다면 그것을 받아들이고 그대의 본성이 요구하는 것을 검토해야 한다. 그리고 이런 일이 만일 이성적인 존재로서의 그대를 악화시키지 않는다면 스스로 받아들여도 상관없다. 이성적인 존재는 곧 공동체적인 존재이기도 하다. 이러한 섭리를 잘 활용하여 마음을 평온하게 해야 한다.

3 이 세상 모든 일은 그대가 본성적으로 견딜 수 있는 방식으로 일어나거나, 그렇지 않으면 그대가 감당할 수 없는

방식으로 일어난다. 그대가 견딜 수 있는 일에는 아무 불평도 하지 말고 본성에 따라 나아가라. 만일 그대가 견딜 수 없는 일이 닥쳤다 해도 불평하지 말아라. 왜냐하면 그것은 그대를 소멸시킨 뒤에 그대와 마찬가지로 소멸될 것이기 때문이다. 하지만 그대는 그 어떤 것도 감당할 수 있도록 자연에 의해 만들어졌다는 사실을 잊어서는 안 된다. 다만 그것을 감당해낼 수 있는가의 여부는 그대 자신에게 달려 있다. 그대의 본성에 따른다면 모든 것을 감당해낼 수 있다는 것을 기억하라.

4 어떤 사람이 잘못을 저지르면 선의로써 그를 깨우쳐주고 바로잡아 주어야 한다. 그러나 이렇게 할 수 없다면 그대 자신을 탓하라. 어떤 경우에는 그대 자신을 탓할 필요도 없을 것이다.

5 그대에게 어떤 일이 일어나더라도 그것은 태초 이전부터 그대를 위해 마련되어 있었던 것이다. 수많은 원인을 태초 이전부터 그물처럼 엮어놓아 그대의 존재와 그대에게 일어날 일들에 이른 것이다.

6 이 우주가 원자의 집합체든 또는 하나의 통일된 자연 질서를 갖춘 것이든, 첫째로 내가 자연에 의해 지배되는 전체의 한 부분임을 확신해야 한다. 그다음에 내가 나와 같은 부류에 속하는 여러 부분과 친밀한 관계를 맺고 있음을 깨달아야 한다. 이를 기억하면 자연 전체에 의해 나에게 주어진 일에 대해서는 불만을 느끼지 못할 것이다. 그것이 전체의 이익이 된다면 부분인 나에게도 결코 해롭지 않기 때문이다.

전체는 그 자신에게 이익이 되지 않는 것은 소유하지 않는다. 이것은 모든 본성의 공통점이지만 우주의 본성은 여기에 더해 또 다른 면을 갖고 있다. 어떤 다른 외부적 원인도 우주의 본성으로 하여금 해로운 것을 생성해내도록 강요할 수 없다는 것이다. 그러므로 내가 그와 같은 전체의 한 부분이라는 사실을 마음에 새기고, 나에게 닥쳐오는 모든 일을 기꺼이 받아들이기로 하자.

나는 나와 같은 부류인 사물에 관심을 기울이고 공동 이익을 위하여 모든 노력을 쏟으며, 반대의 일에 힘을 쓰지 않도록 하겠다. 그리하면 삶이 매우 행복해질 것이다. 자신의 동족이자 벗인 시민들에게 유리하도록 행동 방침을 정하여 계속 밀고 나가고, 국가가 자기에게 맡기는 일에 만족하는 시민의 삶이 행복한 것과 같다.

7 전체를 이루는 여러 부분, 즉 우주 속에서 인식되고 있는 만물은 반드시 소멸을 겪는다. 그러나 이것은 그들이 변화해야 한다는 뜻으로 해석해야 한다. 만일 이것이 여러 부분에 대하여 악이면서 또 필연적인 것이라면 전체는 계속해서 좋은 상태를 유지하지 못할 것이다. 왜냐하면 그 여러 부분이 변화할 운명에 놓여 있고, 여러 방법으로 멸망하도록 만들어져 있기 때문이다.

자연은 그 자신의 여러 부분인 만물에 해로운 일을 하고, 여러 부분으로 하여금 악의 편을 들어 악에 빠지게 하는 필연성을 주고자 처음부터 계획한 것인가. 아니면 자연은 모르고 있는 사이에 그러한 결과가 일어난 것인가. 둘 다 믿을 만한 가정이 못 된다.

어떤 사람이 자연이라는 개념을 이러한 변화의 주체로 삼지 않고 그저 시간에 의한 일이라고 말하거나, 전체의 여러 부분이 변화하는 과정 중에서 사물이 분해되는 것을 두고 자연에 어긋나는 일처럼 놀라거나 어리둥절해하는 것은 우스꽝스러운 일이다. 사물이 여러 원소로 흩어지거나, 불에 의해 타버리거나, 흙과 공기로 변화하는 모든 분해 과정은 우주의 본성에 따른 것이기 때문이다. 사물은 끊임없는 변화에 의해 소멸하고 새롭게 되어 우주의 이성으로 돌아간다.

그러므로 고체나 기체의 부분이 그대가 태어났을 때부터 그대에게 속해 있다고 생각해서는 안 된다. 이 모든 육체적인 것은, 그대가 먹은 음식물이나 들이마신 공기에서 바로 어제나 그제 가져온 것에 지나지 않는다. 몸이 성장하여 변화하더라도, 그대의 어머니에게서 물려받은 것이 변화하는 게 아니라 나중에 받아들인 것만이 변하게 된다. 그대가 어머니에게서 물려받은 것이 특수한 변화의 성질을 띠고 있는 것과 합해져 있다고 생각해야 한다. 이것은 내가 지금까지 말해온 내용과 조금도 다르지 않다.

8 만일 그대가 선하다거나, 겸손하다거나, 성실하다거나, 이성적이라거나, 침착하다거나, 도량이 넓은 사람이라는 말을 들으면, 항상 그렇게 되도록 힘써라. 그리고 그대가 더는 그런 칭찬을 듣지 못하면 서둘러 이를 회복해야 한다.

'이성적'이라는 말은 모든 일에 있어서 세심하게 주의하고 섣부르게 판단하지 않음을 뜻하고, '침착함'은 우주의 본성에 의해 그대에게 주어진 모든 것을 기꺼이 받아들이는 것을 뜻하며, '넓은 도량'은 몸의 고통과 쾌락, 명예와 같은 보잘것없는 것들을 초월하는 뛰어난 지성을 뜻한다.

만일 그대가 다른 사람들에게 이런 미덕의 소유자라는 말을 들으려고 애쓰지 않는데도 자연스럽게 이런 칭찬이 따라오면, 그대는 지금과는 완전히 다른 삶 속으로 들어갈 것이다.

계속 지금처럼 살아서 부패에 빠지는 것은 매우 어리석은 인간의 특징으로, 함부로 삶을 탐내는 자의 소행이다. 맹수에게 물린 검투사가 온몸이 상처와 피로 덮여 있으면서도, 여전히 그 발톱과 이빨에 몸을 맡기고 내일까지 살려달라고 애원하는 것과 같다.

그대 자신이 그런 칭찬을 받아 이를 오래 간직할 수 있다면, 마치 '행복의 섬'에 옮겨진 것처럼 이를 지켜야 한다. 그러나 만일 그대가 이런 명예를 잃고 이를 유지할 수 없게 되면, 용감하게 이런 명예를 간직할 수 있는 곳으로 가라. 그럴 수 없다면 순박하고, 자유로우며, 겸손한 마음으로 세상을 떠나는 것이 좋다.

하지만 그대가 살아 있는 동안 한 가지쯤은 칭찬할 만한 일을 행해야 한다. 이를 위해서는 그대가 마음속에 진정으로 신을 모시고, 모든 이성적인 존재가 신처럼 되기를 원한다는 것을 기억해야 한다. 무화과의 구실을 하는 것은 무화과이며, 개의 구실을 하는 것은 개이고, 꿀벌 구실을 하는 것은 꿀벌이고, 인간 구실을 하는 것은 인간임을 기억하라.

9 가면극, 전쟁, 공포, 무기력, 노예 상태는 그대 마음속의 신성한 힘을 날마다 해칠 것이다. 그대는 본성을 연구하지 않은 채 얼마나 많은 사물을 두려워하고, 또 얼마나 많은 사물을 저버리고 있는가. 그대의 의무는 사물을 관찰하고 인식하는 힘을 갈고닦아 거기서 비롯하는 확신을 간직하고 이를 과시하지 않으며 또한 은폐하지 않는 데 있다.

그대가 소박하고, 고결하며, 모든 것에 대한 지식을 지니고 그 성질을 이해하면서, 아울러 그 성질들이 우주에서 차지하는 비중과 지속되는 기간, 구성 분자의 성질을 측정하고, 또한 그것이 어디에 속하며, 누가 이를 주거나 빼앗아가는지를 아는 것은 언제일까?

10 거미가 거미줄을 이용하여 파리를 잡았을 때 좋아하듯이, 어떤 사람은 토끼를 잡으면 좋아하고, 또 어떤 사람은 작은 물고기를 잡으면 좋아한다. 어떤 사람은 멧돼지를, 또 어떤 사람은 곰을, 어떤 사람은 야만족 사르마테스인을 잡으면 좋아한다. 만일 그대가 모든 사람의 생각을 살펴보면 이들이 결국 강도임을 알 수 있지 않을까.

11 만물이 겪는 변화를 철학의 영역에서 인식하는 방법을 배우고 연구하도록 하라. 인격과 학식을 쌓는 데 이보다 적절한 것은 없다. 그런 사람은 몸의 일에 신경을 쓰지 않고, 곧 모든 사물을 이 세상에 남겨두고 인간 세계를 떠나야 한다는 것을 알고 있다. 그는 자기의 모든 행위를 바로 잡기 위해 온 힘을 기울이며 그 밖의 모든 일에 대해서는 자기 자신을 우주의 본성에 맡긴다.

또한 다른 사람이 자기 일에 대하여 무슨 말을 하고 무슨 생각을 하며, 또 그 때문에 어떤 해를 입더라도, 그는 이런 것을 생각지도 않는다. 즉 그는 현재 자기가 해야 할 일을 올바르게 하고, 지금 자기에게 주어진 일에 만족하고 있으므로 이 두 가지 일로 충분하다고 여긴다. 모든 그릇되고 번거로운 일을 버리고 다만 신의 율법에 따라 바른길을 가며, 신에게 순종하기만을 바란다.

12 무엇을 해야 할 것인가 묻는 것이 그대의 권한에 속하는 일인데 두려워할 필요가 어디 있겠는가? 만일 그대가 사물을 분명히 볼 수 있다면 뒤를 바라보지 말고 줄곧 이 길로 가도록 하라. 아니라면 멈춰 서서 가장 훌륭한 조언자를 찾아야 한다.

비록 다른 사물이 그대를 방해하더라도 깊이 생각해보고, 그대의 역량을 좇아서 정의로 생각되는 것을 지켜 앞으로 나아가야 한다. 이것이야말로 그 목적에 이르는 최선의 길이다. 그대가 실패하더라도 그것은 목적을 이루려다가 겪은 일이라야 한다. 모든 일에 있어서 이성을 따르는 사람은 마음이 쾌활하고 침착하다.

13 잠에서 깰 때는 자기 자신에게 이와 같이 말하라. "다른 사람이 올바른 일에 대해 비난한다고 해서 나와 무슨 상

관이 있단 말인가." 오만한 태도로 남을 칭찬하거나 비난하는 사람들은, 잠자리에서도 식탁에서도 그와 같이 행동한다. 그들이 무엇을 하고, 무엇을 회피하며, 무엇을 추구하는지를 기억하라. 또, 그들이 그들의 가장 고귀한 부분, 즉 신의나 겸손, 진실, 법칙, 신성을 가져오는 데 수단으로 삼는 부분을 어떻게 훔치고 빼앗는지에 대해서도 잊지 말라.

14 자연에 대하여 교양 있고 겸손한 사람은 만물을 훔치는 자에게 말한다. "그대가 원하는 것을 주고, 그대가 원하는 것을 가져라." 조금도 교만하지 않고, 부드럽게 그리고 기쁘게 이렇게 말한다.

15 그대의 생명은 이제 얼마 남지 않았다. 그러니 산속에 있는 것처럼 살아가는 게 좋다. 인간은 공동체의 구성원으로서 적합하기만 하다면 세상 어느 곳에 살아도 차이가 없다. 사람들에게 본보기를 보여주고 자연을 따라 살아가는 참된 인간의 모습을 알려주어라. 만일 그들이 그 참된 인간을 감당하지 못하면 스스로 목숨을 끊어버리게 하라.

세상의 속된 사람들처럼 살아가느니 차라리 그 편이 나을 것이다.

16 그대는 인간의 부류나 선한 사람의 자격에 대하여 아무런 말도 하지 말라. 다만 말하고자 하는 자가 돼라.

17 시간의 전체와 실체의 전체를 언제나 잘 살펴보라. 그리고 하나하나의 모든 사물은 실체에 비하면 오직 무화과 씨앗 하나에 지나지 않고, 시간에 비하면 나사를 한 번 돌리는 것에 지나지 않음을 생각하라.

18 존재하는 만물을 바라보고 그것이 이미 변화했다는 것을 알아차려라. 모든 것이 부패하고 분해되는 가운데 그 본성이 소멸을 위해 만들어졌다는 것을 깨달아라.

19 먹고, 자고, 생식하고, 배설하는 사람들의 모습이 어떤지를 생각해보라. 그다음에 높은 지위에 앉았다고 해서 난폭해지고, 교만해지고, 쉽게 격노하고, 욕설을 퍼붓는 이들이 어떤 부류의 인간인가를 생각해보라. 그러나 얼마

전까지만 하더라도 그들이 얼마나 많은 것에, 또 어떤 목적을 위해 예속되어 있었으며, 결국 어떤 상태에 이르렀는가를 생각해보라.

20 우주의 성질이 하나하나의 사물에 작용하는 것은 이롭다. 그리고 자연이 그것을 갖게 하는 시기도, 그것에 있어서는 선이다.

21 에우리피데스는 말했다. "땅은 비를 사랑하고, 장엄한 하늘은 땅을 사랑한다." 그리고 우주는 반드시 일어나야 할 일을 실행시키기를 좋아한다. 나는 우주에 대하여 "나도 그대와 같은 것을 좋아한다"고 말한다. 그래서 옛사람들이 "이 일 저 일이 일어나기를 바란다"고 말한 것 아닐까.

22 그대는 이 세상에서 살면서 그대 자신을 거기에 길들게 하고 있는가. 그대는 이 세상을 떠나려고 하는가, 그것은 그대 자신의 의지인가. 또 그대는 죽음으로써 그대의 의무를 던져버리려 하는가. 다른 선택지는 없으니 힘을 내야 한다.

23 그대는 언제나 분명히 마음속에 새겨라. 이 한 모퉁이의 땅은 다른 어느 지점이나 마찬가지이며, 또 여기 있는 모든 사물은 산마루나 바닷가나 또는 그대가 선택하려는 어느 곳에서나 찾아볼 수 있는 사물과 똑같다. 즉 그대는 플라톤이 말하는 이른바 "성벽으로 둘러싸인 도시에 사는 것이나, 산꼭대기에 있는 양의 우리에 사는 것이나 같다"는 사실을 깨닫게 될 것이다.

24 나의 이성은 나에게 무엇인가, 지금 나는 이성을 어떤 모습으로 만들어가고 있는가. 나는 지금 그것을 어떤 목적에 사용하고 있는가. 나의 이성은 정신이 결핍되어 있는가. 공동체로부터 벗어나 있는가. 가련한 몸과 뒤섞여 휘둘리고 있는가.

25 자기 주인에게서 달아나는 사람은 도망자이다. 그런데 법률은 주인과 마찬가지이다. 그러므로 법률을 어기는 사람은 도망자이다. 그리고 원망하는 자도, 화를 내는 자도, 또한 두려워하는 자도 만물을 지배하고 저마다에게 그 적합한 것을 나누어주는, 법칙에 의해 지정된 사물에 대하여

과거나 현재 또는 미래에 있어서 만족을 하지 않는 자이다. 그러므로 그들 또한 도망자이다.

26 한 남자가 자궁에 씨앗을 맡겨놓고 떠난다. 그다음에 다른 힘이 그것을 넘겨받아 일을 하여 어린아이로 만든다. 그런 재료에서 이 같은 것이 생기다니! 이윽고 그 어린아이가 음식을 목구멍으로 넘기면 다음의 다른 힘이 그것을 받아 지각이나 운동을 만들고 생명이나 힘이나 그 밖의 것을 만든다. 이 얼마나 다채롭고 얼마나 신기한 일인가! 이와 같이 몰래 생산되는 사물을 관찰하고, 마치 우리가 어떤 물건을 올렸다 내렸다 하는 힘을 보는 것처럼—눈에 의해서가 아니지만—아니, 이보다 더욱 분명하게 그 힘을 관찰해야 한다.

27 지금 존재하는 만물이 이전에도 존재했으며, 또 앞으로도 마찬가지로 존재하리라는 것을 언제나 생각하라. 그리고 그대가 실제 경험에 의해서나, 또는 낡은 역사에서 배운 것을 연극으로 만들어 눈앞에 떠올려보라. 예컨대 하드리아누스 궁정 등을 눈앞에 펼쳐보라. 이것들은 다만 배우

가 다를 뿐 우리가 현재 보는 연극과 같다.

28 제물로 바칠 돼지가 발길에 차이고 비명을 지르는 것처럼, 어떤 사건에 마주쳐 원망하고 불평하는 사람들을 상상해보라. 자기 침대 위에서 묵묵히 자기가 얽매여 있는 쇠사슬을 탄식하는 사람도 이 돼지와 마찬가지이다. 다시 생각해보라. 자기 자신에게 일어나는 일을 기꺼이 받아들이는 것은 이성적인 동물에게만 허락되어 있다. 그러나 단순히 그 명령에 따르는 것은 하나의 필연으로 만물에게 주어져 있다.

29 그대가 마주치는 여러 경우에 대해 조용히 스스로에게 물어보라. 자기에게서 이런 일들을 빼앗아가기 때문에 죽음이 두려운 것인지를.

30 어떤 사람이 저지른 잘못 때문에 화가 났을 때에는 곧장 자기 자신을 돌이켜보고, 그대 자신에게도 그런 잘못을 저지를 만한 점이 없는가를 살펴보라. 예컨대 그대도 돈이나 쾌락이나 보잘것없는 명성과 같은 것을 너무나 높이

평가하지 않는지를. 이와 함께 그 사람은 자기 자신을 억제하지 못해서 달리 방법이 없었다는 사실을 덧붙여 생각해보면 그대의 분노는 곧 풀릴 것이다. 그리고 가능하면 그를 그 강박관념에서 구출해주어라.

31 소크라테스학파의 사티론이나 에우티케스나 휘멘을 생각해보라. 에우프라테스를 본 뒤에는 에우티키온이나 실바누스의 일을 생각해보라. 트로파이오포로스를 보면 젊은 알키프론을 떠올려보라. 크세노폰을 볼 때에는 크리톤이나 세베로스를 생각하라.[39] 그리고 나 자신을 바라볼 때에는 다른 황제의 일을 생각하라.

다른 사람들의 일을 생각할 때도 마찬가지다. 다음으로 '그 사람들은 지금 어디에 있는가?'를 생각해보라. 그들은 지금 아무 데도 없으며, 누구도 그들이 있는 곳을 모른다.

---

39 사티론과 에우티케스와 휘멘은 소크라테스와 플라톤을 따랐던 철학자들이다. 에우프라테스는 철학자이자 교사이고, 에우티키온과 실바누스는 스토아학파의 철학자들이었다. 트로파이오포로스와 젊은 알키프론에 대해서는 알려진 바가 없다. 크세노폰은 소크라테스의 제자이고, 크리톤은 소크라테스의 친구이며, 세베로스는 그들의 친구였다.

이처럼 그대는 언제나 인간사를 마치 연기나 허무처럼 바라보도록 하라. 변화를 맞이한 것은 끝없는 시간 너머로 사라졌다는 것을 생각해보라.

그대는 왜 이 짧은 생을 낭비하려 하는가. 그대는 왜 자기 활동에 필요한 어떤 재료나 기회를 회피하고 있는가. 삶에서 일어나는 모든 일을 정밀하게 관찰하고 그 본성을 꿰뚫어볼 때 이성의 작용이 빠진 것이 하나라도 있는가. 그대는 튼튼한 위장이 모든 음식을 자기의 살과 피가 되도록 잘 소화하는 것처럼, 또한 활활 타오르는 거센 불길이 그 속에 던져 넣은 모든 것을 불꽃과 빛으로 만드는 것처럼, 이 모든 것을 그대 자신의 것으로 삼을 때까지 끈기 있게 노력해야 한다.

32 그대는 소박하지 않다든가, 선하지 않다든가 하는 말을 들었을 때, 그것이 사실이 아님을 밝혀야 한다. 도리어 그대를 그렇게 생각하는 사람은 누구나 거짓말쟁이가 되도록 하라. 그것은 그대의 능력으로 할 수 있다. 왜냐하면 선하고 소박한 그대를 방해하는 사람은 아무도 없기 때문이다. 그대는 그와 같은 사람이 되지 않는 한, 더 이상 살지

않겠다고 결심해야 한다. 만일 그대가 그렇지 않다면 살아갈 이유가 허락되지 않을 테니까.

33 살아가는 동안 맞닥뜨리는 상황들에 대해서 이성적으로 말하고 합당한 행동하려면 어떻게 하는 것이 좋은가. 생각건대 그 방법이 어떤 것이든 실행은 그대의 능력에 달렸으므로, 다른 사람이 방해된다는 핑계를 만들어서는 안 된다.

환락에 빠진 사람들이 자신에게 주어진 모든 것을 쾌락의 수단으로 삼듯이, 그대가 맞닥뜨리는 상황이 어떻든 그대의 본성을 따라 바르게 나아가라. 그 방법으로 기쁨을 얻지 못한다면 끝없는 불평이 이어질 것이다. 즉, 인간은 자기 본성에 따라서 자기 힘으로 할 수 있는 모든 것을 하나의 환락으로 여겨야 한다.

예컨대 수레바퀴가 어디에서나 그 고유한 힘으로 굴러갈 수 없는 것처럼 불이나 물을 비롯한 비이성적인 존재에는 그런 힘이 주어지지 않는다. 그 힘을 도중에 막아버리는 장애물이 얼마든지 있기 때문이다.

그러나 이성과 정신은 자연에 의해 주어진 고유의 힘에

따라 저항하는 모든 장애물을 뚫고 나아갈 수 있다. 이성이 만물 속을 헤치고 나아갈 때에는 마치 불이 위로 타오르고, 돌이 아래로 떨어지며, 수레바퀴가 비탈길을 굴러가는 것처럼 아무런 제약을 받지 않는다. 이 자유자재인 모습을 그려보라.

다른 모든 장애물은 다만 껍데기에 불과한 우리 몸에만 영향을 미치거나, 한낱 의견 속에만 머물러 있을 뿐이므로, 우리가 현혹되어 이성을 굴복시키지 않는 한 아무런 해도 끼칠 수 없다. 만일 그렇지 않다면 불행과 재난을 당할 때 인간은 곧 망가져버릴 것이다.

비이성적인 존재는 장애물을 만나면 해를 입는다. 인간은 재해가 일어나면 그 우연한 사건을 정당하게 사용함으로써 도리어 선량해지고 더욱 고결한 자가 된다. 우주에 해가 되지 않는 것은 우주의 일부이자 이성적 존재로 살아가는 인간에게도 해를 끼치지 않는다. 더욱이 우주의 질서를 침해하지 않는 것은 우주에 해가 되지 않는데, 모든 장애물이 우주의 질서를 침해하지 않기 때문에, 우주에게나 인간에게나 해가 되지 않는 것이다.

34 참된 삶의 원리를 깊이 이해하는 사람은 아주 짧은 교훈만으로도 진리를 깨우치고 곧 슬픔과 두려움에서 벗어난다.

"인간의 영락은 나뭇잎과 다름없다. 어제는 평화롭더니, 오늘은 땅에 떨어져 흩날리는구나." 호메로스의 말처럼 그대의 자녀들이나 그대를 칭송하는 사람들, 반대로 저주와 비난을 퍼붓는 사람들도 나뭇잎과 다르지 않다. 명성을 후세에 전하는 것도 마찬가지다. 그런데 그대는 영원히 살 수 있을 것처럼 어떤 일을 피하기도 하고 추구하기도 한다. 조금 뒤면 그대는 눈을 감을 것이다. 그리고 그대를 무덤으로 떠나보낸 이들도 이윽고 무덤에 자리할 것이다.

35 건강한 눈은 볼 수 있는 모든 사물을 보아야 한다. 그러므로 굳이 "나는 초록색 사물만 보고 싶다"고 말해서는 안 된다. 그것은 병든 눈의 상태이기 때문이다. 마찬가지로 건강한 코와 귀도 모든 냄새를 맡고, 모든 소리를 들어야 한다. 건강한 위장은 방아가 곡식을 받아들이듯이 모든 음식물을 받아들여야 한다.

마찬가지로 건강한 정신은 모든 사물을 받아들일 준비

가 되어 있어야 한다. 그러나 "내 아이를 살려달라"거나 "무슨 일을 하든 모든 사람에게서 칭찬받게 해달라"는 것은 초록색 사물만을 보려는 눈과 부드러운 것만 즐기려는 치아와 다름없다.

36 누군가 죽어갈 때 병상을 둘러싼 사람들 가운데 그 죽음에 대해 기뻐하는 자가 없다면 매우 다행스러운 일이다. 하지만 그가 아무리 선하고 현명했다고 하더라도 어떤 사람은, '드디어 스승님에게서 해방되어 자유를 누리게 되었구나. 사실 스승님은 누구에게도 모질게 대하지는 않았다. 그러나 그가 말없이 우리를 비난했다는 사실을 나는 알고 있다'고 생각할지도 모른다.

선한 사람의 죽음에 대해서도 이러한데, 우리 같은 사람이 죽는 것에 대해서는 어떠하겠는가. 그러므로 그대는 죽음을 눈앞에 두었을 때 다음과 같이 생각하면 좀 더 편한 마음으로 세상을 떠날 수 있으리라. '나는 이 세상에서 벗들을 위해 힘쓰고 기도하며 걱정했지만, 그들은 나의 죽음으로 얻게 될 작은 이득을 바라고 있을지도 모른다. 그러므로 이런 삶에서 빨리 떠나도록 하자. 인간이 어찌 이런 곳에 애착을 느껴 머무를 것인가.' 그러나 그 때문에 그들에게 불친절한 얼굴을 보여서는 안 되며, 어디까지나 본성을 지켜 다정하고 너그러우며 온화한 태도를 보이면서 떠나라.

할 수 없이 세상을 떠나는 것이 아니라 오직 평온한 마음으로 죽음을 맞이할 때 영혼이 순조롭게 떠날 수 있다. 그대는 자연이 그대를 그 사람들과 맺어줬다는 것을 기억하라. 자연은 이제 그런 결합을 끊었지만, 그대는 억지로 떼어놓는 데 저항하면서 떠날 것이 아니라, 다만 친척들과 헤어질 때와 같은 기분으로 이별해야 한다. 이 또한 자연에 따라 일어나는 과정이기 때문이다.

37 다른 사람의 행동을 볼 때마다 되도록 '이 사람은 무슨 목적으로 이런 일을 하는가'를 생각하는 버릇을 들여라. 하지만 먼저 그대 자신의 목적과 행동을 검토하라.

38 그대를 조종하는 실이 그대 마음속에 숨어 있다는 것을 기억하라. 그것이 그대가 하는 말을 만들어내고, 그대의 삶을 만들어내며, 그대라는 사람 그 자체가 된다. 그대 자

신의 마음을 들여다볼 때에는, 그대를 감싸고 있는 몸이나 그 속의 여러 기관을 그것과 혼동해서는 안 된다. 여러 기관은 다만 하나의 기계와 같고, 다른 점이 있다면 몸에서 자라났다는 것뿐이다. 여기에 그것을 움직이게 하는 원인이 없다면, 베를 짜는 아낙네의 북이나, 글을 쓰는 작가의 펜이나, 마부의 채찍과 마찬가지로 아무 소용이 없을 것이다.

"아침마다 하늘을 우러러보고
천체들이 늘 변함없이 질서를 이루면서
모든 것을 투명하고 정직하게 행하는 것을 배워라."
별들에게는 위선이 없다.

1 이성적 영혼의 특성은 다음과 같다. 자기 자신을 보고 분석하며 스스로 바라는 것이 되고, 자신의 뜻대로 결실을 맺으며—식물의 열매나 동물의 열매는 남들이 즐기지만—생명이 길든 짧든 자기 목적을 이룩한다. 무용이나 연극 같은 것들은 도중에 멈추면 전체 행위가 완결되지 못하지만, 영혼은 부분에 머물더라도 그 목표를 충분히 이룩하고 또 완성한다. 그리하여 "나의 목적을 이뤘다"라고 말할 수 있다.

또, 영혼은 우주를 돌아다니면서 주위의 빈 곳에까지 이르러 그 구성을 관찰하고, 끝없는 시간으로 뻗어나가 만물의 주기적인 쇄신을 이해하고 깨닫는다. 우리의 선조들이 우리처럼 새로운 것을 발견하지 못했으며, 후대에

오는 사람들도 마찬가지일 것이라는 한계를 인식한다.

그러므로 40년밖에 살지 못한다고 해도 약간의 지성만 있다면 예부터 지금까지 모든 사물을 관통하는 일률성에 의해 이미 모든 것을 다 본 것이라고 할 수 있다. 그리고 이성적 영혼이 지닌 또 하나의 특성은 자기 이웃에 대한 사랑, 진실함과 겸손함의 미덕, 모든 것을 가치에 맞게 대한다는 것인데, 이것은 법칙의 특성이기도 하다. 따라서 올바른 이성과 정의의 이법 사이에는 차이가 없다.

2 그대는 아름다운 노래나 무용이나 격투기 등을 높이 평가할 필요가 없다. 그대는 음악의 선율을 음표로 분해하여 그 하나하나에 대해 "이것이 과연 아름다운가?"를 스스로 물어보라. 아름답다고 말한 것이 부끄러워질 것이다. 무용에 대해서도 그 하나하나의 동작을 같은 방법으로 음미해보라. 격투기에 대해서도 그렇게 해보라. 즉, 미덕과 선행을 제외한 모든 일에 대해서는 낱낱이 분해해봐야 하는 것이다. 그러면 더 이상 대단해 보이지 않을 것이다. 그대의 인생 전체에 대해서 이와 같이 해보라.

3 영혼이 몸에서 떠나야 할 때가 오면 이후에 소멸되거나 분해되거나 어떻게 되더라도 그 경우에 대해서 대비하고 있어야 한다. 그러나 이런 각오는 스스로의 판단이어야 한다. 기독교인들처럼 단순히 순종한다고 해서 되는 것이 아니다. 겉치레를 하지 않고, 신중하고 위엄이 있으며, 다른 사람들에게도 그 진정성이 전해져야 한다.

4 그대는 공동체의 유익을 위해 일했는가. 그랬다면 그 자체로 그대 또한 많은 유익을 얻은 것이다. 이 점을 언제나 마음속에 두고 선한 일을 계속 이어가라.

5 그대의 직무는 무엇인가. 선한 사람이 되는 것이다. 우주의 본성과 인간의 본성에 의하지 않고서 어떻게 선한 사람이 될 수 있겠는가.

6 처음에 무대에서 상연되는 비극은 사람들에게 이 세상에서 일어나는 일들을 보여주면서, 그것은 자연에 의한 필연적 사건이기 때문에, 사람들을 웃고 울게 했던 비극의 내용들이 인생이라는 더 큰 무대에서 벌어지더라도 괴로

워하거나 분노해서는 안 된다는 점을 일깨워주었다.

그런 일들은 반드시 일어나기 때문에 "오, 키타이론이여!"[40]라고 부르짖는 사람들도 감내할 수밖에 없다. 비극 작가들은 유익한 말을 많이 남겨놓았는데, 다음과 같다.

"만일 신들이 나와 내 자식들을 돌보지 않는다면, 그것에도 어떤 이유가 있을 것이다."

"우리는 이 세상에 일어나는 일에 대하여 안달하거나 초조해해서는 안 된다."

"인생은 곡식과 같아서 다 익으면 수확해야 한다."[41]

비극 다음으로 고대 희극이 상연되었는데, 사람들의 오만불손함을 지적하고 겸손을 가르치는 목적이 있었고, 이를 통해 사람들은 언어와 화술을 익혔다. 디오게네스도 이런 방식을 사용했다.

그러나 그다음 중기 희극에 대해서는, 그 실질이 어떠했으며 또한 무엇을 목적으로 상연되었는지 살펴보라. 그

40 소포클레스가 지은 비극의 한 대목으로, 키타이론은 오이디푸스가 갓난아기일 때 버려진 산이다.

41 위의 세 문장 모두 에우리피데스의 말이다.

것은 차츰 쇠퇴하여 나중에는 완전히 기교로 가득한 모조품이 되어버렸다. 작가들이 유익한 말을 많이 남긴 건 사실이나 그것이 과연 무엇을 목적으로 했는지가 중요하다.

7 지금 그대가 우연히 맞닥뜨린 이 삶만큼 철학에 알맞은 것은 없다. 그것은 명백하다.

8 하나의 나뭇가지가 끊어지려면 그 나무 전체로부터 떨어져 나가야 한다. 마찬가지로 인간도 이웃을 떠나려면 공동체로부터 떨어져 나가게 되는 것이다. 나뭇가지는 나뭇가지가 아닌 것에 의해 끊어지지만, 인간은 자기 이웃을 스스로 등져서 떠나게 되는데, 그것이 공동체에서 떨어져 나가는 일임을 깨닫지 못한다.

그럼에도 인간은 분명히 공동체를 구성한 제우스로부터 하나의 특권을 받고 있으므로, 우리는 자신에게 가장 가까운 자에게 붙어서 다시 자라며, 그 전체의 구성을 돕는 일부분이 될 수 있다. 그러나 위와 같은 분리를 자주 되풀이하면 다시 전체에 통합되어 본디 상태를 회복하는 것이 어려워진다. 요컨대 한 번 분리된 가지는 처음부터 함께 자란 가지와 같을 수 없다. 정원사들이 말하듯이, 그 가지는 나무의 다른 부분과 함께 자라기는 하지만 같은 성질을 갖고 있지 않다.

9 그대가 올바른 이성에 따라서 살아갈 때 사람들이 그대의 앞길을 가로막을 수 없듯이, 그들에 대해서 그대가 선의를 거두게끔 하는 것도 할 수 없게 하라. 다만 그대는 자신을 철저히 지켜서 바른길로 나아가고자 하는 판단을 그르치지 말고, 그대를 방해하며 괴롭히려는 사람들에게 온화한 태도로 대하라. 그들을 혐오하거나, 또는 두려움 때문에 자신의 판단을 바꾸는 것은 나약한 태도이다. 두려움에 사로잡혀 자기 본분을 저버리는 사람이나, 태어나면서부터 자신의 동족이자 친구들로부터 떠나는 사람이나 모두 도망자라는 점에서 같다.

10 인위적으로 만든 것은 자연의 모방이므로, 그 어떤 것도 자연을 능가할 수 없다. 인간이 기술을 통해 자연을 전부 반영하여 만든 것일지라도 자연을 능가할 수 없다. 모든 기술은 우월한 것을 위해 열등한 것을 만드는데, 자연 또

한 마찬가지다. 모든 미덕은 자연이 구성한 정의에 기초를 두고 있다. 만일 우리가 선도 아니고 악도 아닌 중간물에 마음이 이끌려서 다른 미덕을 행하는 일에 소홀하거나 그것이 변질된다면 정의를 지킬 수 없다.

11 그대가 추구하거나 피하고자 하는 사물이 있다면, 사실 사물은 움직이지 않고, 그대 자신이 사물을 향해 나아가거나 피하는 것일 뿐이다. 그러므로 그것에 대한 판단을 버리고 그저 내버려두어라. 그렇게 하면 마음이 평온해져서 그대는 더 이상 추구하거나 피하지 않아도 될 것이다.

12 영혼은 구형(球形)을 유지하면서 어떤 대상을 향해 늘어나거나 줄어들지 않으며, 또 흩어지거나 가라앉지도 않는다. 다만 진리를 보는 기관인 빛에 의해 빛나고, 만물 속에 있는 진리와 자기 자신 속에 있는 진리를 바라본다.

13 어떤 사람이 그대를 경멸한다고 가정해보자. 그것은 상대방의 자유에 맡겨두라. 다만 그대는 경멸을 받을 만한 말이나 행동을 하지 않도록 조심하면 된다. 누군가 그대를

증오하는가. 그렇다면 하고 싶은 대로 하게 놔두어라. 그대는 누구에게나 친절하고 인자하며, 증오하는 자를 탓하지도 않고, 또한 자기 인내를 자랑하는 것도 아니며, 오직 고상하고 정직하게—만일 저 위대한 포키온이 취한 태도가 허위가 아니라면, 그 사람과 같은 태도로—상대방의 잘못을 일깨워줘야 한다. 생각건대 인간의 마음은 이래야 하며, 무슨 일을 당하더라도 불평하는 모습을 신에게 보여서는 안 된다.

그대는 우주의 공동 이익을 실현하기 위해 현재의 처지에 놓여 있는 인간이므로, 그대의 성격에 맞는 일을 하고 우주의 성질에 적합한 일을 하는 것으로 만족한다면, 그대에게 무엇이 불행일 수 있겠는가.

14 사람들은 서로 경멸하고 또 아첨한다. 다른 사람 위에 서기를 바라면서도 눈앞에서는 서로 굽실거린다.

15 "나는 너를 공정히 대접하기로 결심했다"라고 말하는 사람은 얼마나 불건전하고 거짓된 자인가. "그것이 도대체 무슨 말인가"라고 반문할 필요도 없다. 그것은 실천에 의

해 저절로 밝혀지고, 이마에 명백히 새겨질 것이기 때문이다. 본성은 연인들이 서로의 눈을 보며 모든 비밀을 읽어내는 것과 같이 사람의 눈에 곧 나타난다. 정직하고 선한 사람은 마치 악취가 나는 사람처럼 지나가기만 해도 사람들이 그것을 알아본다. 그러나 꾸며낸 정직은 구부러진 지팡이와 같고, 늑대의 우정보다 더 치욕적인 것은 없다. 무엇보다도 이런 것을 피해야 한다. 선과 정직과 사랑은 그의 눈에 떠오르기 때문에 숨길 수 없다.

16 그대의 영혼이 선도 아니고 악도 아닌 것에 휘둘리지 않는다면, 가장 고귀한 삶을 살 수 있는 힘이 그대에게 있다. 영혼이 이러한 경지에 이르기 위해서는, 모든 사물의 성질을 개별적으로 혹은 포괄적으로 잘 가려내고, 그것들이 우리 마음속에서 그 어떤 것도 만들어내지 못하고, 작용하지도 못한다는 것을 기억해야 한다.

사물은 다가오지 않는데, 우리가 구태여 그것에 대한 판단을 늘어놓고 마음에 자리를 내주기 때문에 문제가 일어나는 것이다. 그런 판단이 무의식중에 떠올랐다고 한다면 그것을 없애는 것도 우리 손에 달려 있다. 쓸데없는 사물에 주의를 기울이는 동안 짧은 생이 끝나버린다는 사실을 잊지 말아야 한다. 왜 우리가 그런 하등한 것들에 신경 써야 한단 말인가.

하지만 그러한 사물이 자연의 본성에 순응해 있는 것이라면 이를 기꺼이 맞이하라. 반대로 자연의 본성에 어긋나는 것이라면 그대 자신의 본성에 맞는 것을 찾아라. 비록 그것이 아무런 명예도 가져오지 않더라도 추구하라. 자신에게 유익한 선을 추구하는 것은 허락되어 있는 일이다.

17 각각의 사물이 어디서 오고 또 무엇으로 이루어져 있으며, 무엇으로 변하고, 또한 그렇게 바뀌었을 때 어떤 종류의 사물이 되는가를 잘 생각해보라. 아울러 그것들은 아무런 해도 입히지 않는다는 것을 기억하라.

18 만일 누군가 그대를 화나게 한다면, 첫째로 생각해보라. 그대와 인류의 관계를, 그리고 우리는 서로 돕기 위해 이 세상에 왔다는 것을. 다르게 말하자면, 마치 숫양이 양 떼를, 황소가 소 떼를 이끄는 것처럼 그대는 사람들을 이끌기 위해 이 세상에 왔다. 우주가 단순히 원자들의 결합체

가 아니라면, 이 모든 것을 주관하는 본성이 존재할 것이다. 그렇다면 열등한 것은 우월한 것을 위해 존재하고, 우월한 것은 서로를 위해 존재한다. 이러한 전제를 통해 고찰해보라.

둘째로 사람들이 식탁이나 침대에 있을 때는 어떤 모습을 취하는가를 생각해보라. 특히 의견을 내놓거나 행동을 할 때 그들이 자신에 대해 얼마나 자랑스러워하는지를 눈여겨보라.

셋째로 사람들의 올바른 행동에 대해 불쾌감을 느껴서는 안 된다. 또한, 그들이 잘못을 저지른다면 틀림없이 그것은 본의가 아니고 무지로 말미암은 것이다. 영혼은 자신이 원하지 않는데도 진리에서 벗어나기 때문이다. 다른 사람들에게 탐욕스럽고 정의롭지 못하다는 말을 들으면 분개하는 이유가 거기에 있다.

넷째로 그대도 나쁜 짓을 많이 하는 다른 사람들과 마찬가지라는 것을 반성해야 한다. 그대가 어떤 나쁜 행동을 억제하고 있더라도 그것은 비겁하기 때문이거나, 명예를 염려하기 때문이거나, 그 밖의 이와 비슷한 천한 동기에서 억누르는 것이므로 그대에게는 아직 잘못을 저지를 성향이 남아 있다.

다섯째로 그대가 다른 사람들에 대해서 정말로 잘못을 저질렀다고 말할 수 있는가를 생각해보라. 이 세상의 많은 일이 우리가 알지 못하는 어떤 목적을 위한 계획의 일환으로 일어나는데, 우리가 알고 있는 것은 일부에 불과하기 때문에 다른 사람의 행동에 대해 평가하기 어렵다는 것이다.

여섯째로 그대가 괴로움과 슬픔에 잠길 때 인간의 목숨은 한순간이며, 우리는 죽음의 침상에 드러눕게 된다는 점을 생각해보라.

일곱째로 우리를 괴롭히는 것은 사람들의 행위가 아니라는 것을 생각해보라. 그런 행위들은 사람들의 이성에 기초를 두고 있으므로, 우리를 어지럽히는 것은 우리 자신의 판단이다. 이런 판단을 버리면 그대의 분노는 사라질 것이다. 어떻게 하면 그렇게 할 수 있는가. 다른 사람들의 행위는 절대로 그대에게 해를 입히지 못한다는 사실을 기억하라. 만일 다른 사람들의 행위가 그대에게 해를 입힌다면, 그대 또한 자연히 악에 물들어서 나중에는 그대의 의도와 상관없이 악행을 저지르게 된다.

여덟째로 다른 사람의 행위로 인한 괴로움보다도 그 행위에 대하여 우리가 느끼는 분노나 고뇌로 파생되는 괴로움이 더 부당한 것임을 생각해보라.

아홉째로 선은 만일 그것이 꾸며낸 미소나 연극이 아니라면 가장 강력한 무기임을 잊지 말라. 아무리 난폭한 인간이라도 그대가 그에게 끊임없이 친절을 베풀고 기회가 있을 때마다 설득한다면, 그가 그대에게 해를 끼치려고 할 때 "이보게, 우리는 다른 일을 하기 위해 이 세상에 왔네. 나는 그런 걸로 절대 해를 입지 않는다네. 다만 자네가 해를 입을 뿐이네" 하는 식으로 그를 타이른다면 그대를 어찌하겠는가.

부드러운 태도로 꿀벌도 그렇게 하지 않고, 자연의 품속에서 태어난 동물은 모두가 화목하게 살아야 한다는 이치를 알려주어라. 이때 빈정대거나 비난하지 말고, 설교조로 말하지 말며, 오직 진심으로 대하라. 또 제삼자의 칭찬을 받으려는 기색도 보이지 말고, 그 자리에 여럿이 있어도 그에게만 말하는 것처럼 하라.

위의 아홉 가지 항목을 지혜의 여신이 준 선물이라 생각하고 마음에 새겨라. 그리고 그대가 살아 있는 동안 인간다운 인간이 되도록 하라. 그대는 아첨하는 사람들을 멀리하되, 그들에게 분노하지 말라. 결국 그대 자신이 해를 입는 일이기 때문이다.

감정에 지배되지 않는, 온화하고 부드러운 태도가 그대의 인간성에도 잘 어울리고 실력가다운 모습이다. 이러한 성품을 지닌 인간이야말로 힘과 기운과 용기를 겸비했다고 할 수 있다. 격분하기 쉽고 불평불만을 일삼는 인간은 오히려 용기가 없고 힘이 부족한 것이다. 괴로움을 쉽게 느끼거나 분노를 잘 터뜨리는 인간은 상처입기 쉽고, 의지가 박약하여 항복하기 쉽다.

그대가 원한다면 지혜의 여신으로부터 열 번째 선물도 받도록 하라. 악인에게서 악하지 않은 행실을 기대하는 것은 미친 짓이라는 것을 기억하라. 사람들로 하여금 남에게는 마음대로 행동하도록 내버려두면서 그대에게만 나쁜 짓을 하지 않으리라고 기대하는 것은 불합리한 발상이다.

19 그대의 이성이 항상 경계해야 할 네 가지 길이 있다. 그대는 이러한 길을 발견할 때마다 곧 없애버리고 이렇게 말

해야 한다. 첫 번째 길에서는 "이 생각은 불필요하다"고 말하라. 두 번째 길에서는 "이 생각은 공동체를 파괴한다"고 말하라. 세 번째 길에서는 "이 생각은 진심에서 비롯한 것이 아니다"라고 말하라. 그리고 그대가 피해야 할 네 번째 길은 그대 마음속에 깃들어 있는 신성이 그대에게 있어서 가장 열등한 부분, 곧 죽음을 맞이할 육체에 굴복하고 천한 쾌락에 정복되는 것이다.

20 그대 몸속에 섞여 있는 불과 공기로 이루어진 모든 부분은 상승하려는 성질을 갖고 있지만, 우주의 본성에 순종하는 결합체, 즉 몸속에 들어 있다. 마찬가지로 그대 몸속에 섞여 있는 흙과 물로 이루어진 모든 부분도 하강하려는 성질에 어긋나는 위치에 놓여 있다. 이렇게 원소의 분자는 우주의 질서를 따른다. 분해의 순간이 올 때까지는 놓인 위치에 머무른다. 이러한데 그대의 이성이 자신의 자리에 불만을 느끼고 반항한다면 이상한 일이 아닌가. 그 이성의 영역에 적용되는 강제성은 그것에 따르라는 것뿐이다.

하지만 그대의 이성은 굽히지 않고 반대 방향으로 나아

간다. 불의, 무절제, 분노, 슬픔, 두려움의 방향으로 나아가는 것은 자연에서 벗어나는 행위이다. 그대의 이성이 눈앞의 일들에 대해 불만을 품을 때에도 마찬가지다. 그대라는 인간에게 이성이 주어진 목적은, 정의를 실현하는 것뿐만 아니라 신을 섬기고 경외하라는 것이다. 신을 공경하는 것은 공동체를 위한 행위이기도 하며, 정의의 실현보다도 더 앞서 존재해야 한다.

21 삶에서 하나의 목표가 없는 사람은 하나의 정체성을 지니고 살아갈 수 없다. 그러나 이 말은 그 목표에 대해 다음의 조건을 덧붙이지 않으면 충분치 못하다. 사람들이 선행이라고 여기는 것에 대해서는 저마다 의견이 다르지만 오직 한 가지만은 판단이 일치한다. 공동체를 위하는 일이 선행이라는 것이다. 따라서 우리는 공동체를 위하고, 동료를 위하는 것을 목표로 삼아야 한다. 모든 힘을 이 목표를 위해 쓰는 사람은 그 행동이 한결같고 그 자신도 언제나 똑같을 것이기 때문이다.

22 시골 쥐와 도시 쥐에 관한 우화에서, 도시 쥐가 겁에 질려

도망친 대목을 기억하라.

23 소크라테스는 언제나 많은 사람의 의견을 두고 라미아[42], 즉 아이들을 혼내는 괴물이라고 말했다.

24 스파르타인들은 공개적인 구경거리가 있을 때 여행자들에게 천막의 그늘을 내어주고 자신들은 아무 곳에나 앉았다.

25 마케도니아 페르디카스 왕의 초대에 소크라테스는 이렇게 거절했다. "나는 가장 비참한 최후를 맞이하고 싶지 않습니다." 자신이 보답할 수 없는 호의는 받지 않겠다는 의미였다.

26 에피쿠로스가 쓴 글에는 이런 가르침이 있다. 미덕을 행한 옛사람들 가운데 한 사람을 반드시 기억하라.

---

42 본래 여자 흡혈귀를 뜻했는데, 아이들의 울음을 그치게 하려고 어른들이 겁을 줄 때 부르는 괴물로 바뀌었다

27 피타고라스학파의 철학자들은 이렇게 당부하고 있다. "아침마다 하늘을 우러러보고, 천체들이 늘 변함없이 질서를 이루면서, 자신들이 해야 할 모든 것을 투명하고 정직하게 행하는 것을 배워라." 별들에게는 위선이 없다.

28 소크라테스는 아내 크산티페가 망토를 가지고 집을 나가 버린 뒤에, 양가죽을 뒤집어쓰고 바깥으로 나갔다. 그것을 보고 놀라서 피한 벗들에게 그는 뭐라고 말했던가. 그것을 기억하라.[43]

29 쓰기와 읽기에서도 먼저 그대 자신의 규칙이 있어야 한다. 그렇지 않으면 다른 사람을 제대로 가르칠 수 없다. 삶과 관련해서는 더욱 그래야 한다.

30 "그대는 노예로 태어났다. 시키는 대로 하고 이유를 물어서는 안 된다."

---

43 무슨 말을 했는지 정확히 알려진 바는 없으나 겉모습이 사람의 가치를 결정할 수 없다는 뜻을 담고 있는 것으로 보인다.

31 "그리하여 나는 마음속으로 웃었다."[44]

32 "그들은 야비한 말로써 미덕을 비웃을 것이다."[45]

33 "무화과를 겨울에 찾는다면 미친 것이다. 아이를 낳지 못할 나이가 되었는데도 자식을 바라는 것도 마찬가지다."[46]

34 에픽테토스는 말했다. "자녀에게 입을 맞출 때 자신에게는 '너는 내일 죽을 수도 있다'고 속삭여야 한다." 참으로 불길한 말이다. 이어서 그는 이렇게 말했다. "자연의 어떤 작용을 나타내는 말은 불길하지 않은 것이 하나도 없다. 다 익은 곡식을 베라는 말도 불길하지 않은가."

35 "익지 않은 포도송이는 이윽고 익은 포도송이가 되며, 다

44 호메로스의 《오디세이아》 9권 413행의 내용. 오디세우스가 외눈박이 거인 키클롭스를 이긴 후에 한 말이다.

45 헤시오도스의 《노동과 날들》 185행의 내용. 부모조차도 공경받지 못하는 시대에 대해 쓰고 있다.

46 이어서 38장까지 에픽테토스의 《담화록》의 내용을 담았다.

시 건포도가 된다. 모든 것은 변화하며, 완전히 사라지는 무(無)로 돌아가는 것이 아니라 다만 아직 존재하지 않은 무엇이 된다."

36 에픽테토스는 말했다. "그 어떤 도둑도 우리의 선택권을 빼앗을 수는 없다."

37 그는 또 이렇게 말했다. "어떤 일을 하고자 할 때는 그것이 공동체를 위한 일인지, 어느 정도의 가치를 지니고 있는지를 따져서 시간과 노력을 들여라. 지나치거나 부족한 것이 없게 하고, 힘이 닿지 않는 곳이 있다면 순순히 받아들여야 한다."

38 에픽테토스는 말했다. "논쟁은 사소한 일에 대해서가 아니라 미쳐서 살아갈 것이냐, 올바르게 살아갈 것이냐 그것과 관계하고 있다."

39 소크라테스는 이렇게 말하곤 했다. "그대는 무엇이 탐나는가? 이성적 존재의 영혼인가, 이성이 없는 존재의 영혼

인가?" "이성적 존재의 영혼입니다." "건전한 이성인가, 아니면 불건전한 이성인가?" "건전한 이성입니다." "그렇다면 그대는 왜 그것을 탐구하지 않는가?" "이미 그것을 가지고 있기 때문입니다." "그런데 왜 이성과 입씨름을 하고 다투는가?"

무한하고 헤아릴 수 없는 시간에 비하면 그대는 얼마나 작은 존재인가.
그대의 영혼은 우주에서 얼마나 작은 부분인가.
이것을 마음에 새기고 오직 그대의 본성이 이끄는 대로 행동하라.
그리고 우주의 본성에 의한 일들을 받아들여라.

1 그대가 바라는 모든 것은 그대의 방식대로 얻고자 했을 때 굽잇길을 돌고 돌아 얻을 수도 있고 영영 얻지 못할 수도 있다. 하지만 그대가 지금 주어진 모든 것을 순순히 받아들이는 태도를 갖는다면, 그대는 바라는 것을 지금 얻을 수 있다. 과거를 생각지 않고, 앞날을 섭리에 맡기며, 현재를 오직 경건함과 정의감으로 살아간다면 가능하다. 그대에게 주어진 운명에 스스로 만족하기 위해서는 경건해야 한다. 자연은 그대를 위하여 운명을 설계했으며, 또 그 운명을 위해 그대를 만든 것이다.

정의에 따르려면 항상 거짓 없는 진리를 말하고, 법칙을 준수하고 가치를 지키면서 모든 일을 행해야 한다. 다른 사람의 악행이나 견해에도, 그대를 둘러싸고 자라나는

가련한 육체의 감각에도 방해받아서는 안 된다. 그대는 얼마든지 그런 것들에 굴하지 않고 나아갈 수 있으며, 그래야만 하기 때문이다.

그대에게 죽음이 당도할 때에는 다른 모든 것을 포기하고 그대의 이성과 신성만을 존중해야 한다. 언젠가는 그대의 삶이 종착역에 닿는다는 사실이 아니라 자연에 순응하여 살지 않는 지금의 삶을 두려워한다면 그대는 우주가 잉태하고 귀한 가치를 실현한 인간이 될 것이다. 그대는 조국에서 더는 이방인이 아닐 것이고, 날마다 일어나는 일에 대해 친숙할 것이며, 사소한 것들에 연연하지 않게 될 것이다.

2 신은 우리를 지배하는 이성만을 살핀다. 우리를 구성하고 있는 물질, 이를테면 외모와 같은 껍데기나 물질적인 찌꺼기들은 모두 제외한다. 신은 자신의 이성에서 비롯하여 우리 안에 자리 잡은 이성만을 상관한다. 그대 또한 훈련을 통해 이에 익숙해진다면, 그대의 정신을 흩트리는 것들로부터 벗어날 수 있을 것이다. 옷이나 집이나 명성 같은 찌꺼기에 시간을 낭비하지 않을 것이기 때문이다.

3 그대는 몸과 호흡과 정신, 이 세 가지로 이루어져 있다. 이들 가운데 몸과 호흡은 그대에게 주어져 있는 동안에만 그대의 것이지만 정신은 오롯이 그대 자신의 것이다. 그러므로 그대의 몸과 호흡에 관련된 것들, 그대가 지난날 말하고 행동한 것들, 그대의 마음을 괴롭히는 것, 그대의 뜻과는 상관없이 그대의 몸에서 생겨나서 붙어 있는 것, 주위를 맴도는 외부의 소용돌이 등으로부터 정신을 분리시킨다면, 운명과 그로 인해 부수적으로 따라왔던 모든 것을 초월하여 자유롭게 독자적으로 존재할 수 있을 것이다. 또, 경건함과 정의감으로 모든 것을 받아들이고, 올바르게 행하며 선한 것을 말할 수 있게 될 것이다.

그러니까 그대의 이성에 들러붙어 있는 감각적 인상이나 미래나 과거의 일을 떼어내고, 엠페도클레스[47]가 말했듯이 "너의 정신이 누리는 완전한 고독을 즐거워할 수 있도록" 하면서 현재에 충실하기 위해 힘쓴다면, 그대는 죽

47 기원전 5세기 시칠리아 아크라가스 출신의 그리스 철학자이다. 물, 공기, 불, 흙, 이 네 가지가 결합하고 분해하는 과정을 통해 세상의 모든 물질이 생성된다고 했다.

는 순간까지 남은 삶을 그대의 이성과 신성을 따르며 평온하게 살 수 있을 것이다.

4 누구나 자기 자신을 가장 사랑하고 있음에도, 자기 의견보다는 다른 사람의 의견에 더 큰 가치를 두는 것에 대해 의아하게 생각하곤 했다. 만일 어떤 신이나 현명한 스승이 찾아와서 어떤 생각이나 계획이 떠오를 때마다 곧 그것을 공표해야 한다고 명령한다면, 단 하루도 참지 못할 것이다. 이것은 우리가 자신의 생각보다 다른 사람들에게 평가받는 것에 더 신경을 쓴다는 것을 의미한다.

5 인류를 위해 만물을 이처럼 훌륭하고 인자하게 배분해준 신들이 세상에서 가장 선한 사람들, 즉 신성과 가장 가까이 사귀며 경건한 행동과 종교적인 믿음으로 살아가는 사람들을 외면하고, 그들이 죽은 후에 다른 어떤 존재로 변화하여 살아가는 것이 아니라 완전히 사라져버리게 할 수 있겠는가. 하지만 혹시라도 이러한 소멸이 일어난다면 그것이 선한 사람들에게 옳은 길이기 때문에 신들이 행한 것이리라. 그것이 옳지 않은 일이라면 그렇게 하지 않을

것임을 의심하지 말라. 신들이 그렇게 한다면 정의로운 일이고, 자연과 본성에 부합하는 일이다. 만일 그것이 정의롭지도 않고 자연과 본성에 부합하지도 않는 일이라면 절대로 일어나지 않는다. 이에 대하여 신을 의심하고 불평을 늘어놓는 것이 그릇된 일임을 이미 그대도 알고 있지 않은가.

우리가 신에 대해 옳고 그름을 논할 수 있다는 자체가 신이 선하고 너그럽다는 것을 보여주는 증거다. 만일 신이 이런 존재가 아니었다면, 우리가 세상의 질서에 의문을 제기하자마자 응징을 가했을 것이다.

6 그대는 성공하기 힘든 어려운 일에도 힘을 기울여야 한다. 왼손은 오른손에 비해 모든 일이 서툴지만, 말 고삐를 꽉 붙들 수 있다는 점에서는 오른손보다 낫다.

7 우리가 죽음에 맞이했을 때 그 몸과 영혼이 어떤 상태에 이를 것인가를 생각해보라. 삶은 짧고, 과거와 미래는 무한하며, 모든 물질적인 것이 허무하다는 것을 생각해야 한다.

8 무슨 일을 하든 그 껍데기를 떠나서 바라보아라. 여러 행위의 목적을 관찰하고, 고통과 쾌락과 죽음과 명성이 무엇인가를 생각하라. 마음속 괴로움의 원인은 바로 자신이고, 아무도 다른 사람에게 방해받지 않으며, 모든 것을 어떻게 받아들이는지가 중요하다는 것을 기억하라.

9 삶의 원리들을 활용하기 위해 그대는 검투사가 아닌 권투 선수가 되어야 한다. 검투사는 손에 든 칼을 떨어뜨리면 죽음뿐이지만, 권투 선수는 언제나 자신의 주먹으로 싸우고, 그것밖에는 아무것도 필요로 하지 않기 때문이다.

10 사물을 바라볼 때는 물질과 재료, 그 존재의 목적을 나누어서 살펴라.

11 인간에게는 얼마나 큰 능력이 있는가. 인간은 신이 허용하지 않는 일을 하지 않으며, 또 신이 줄 수 있는 모든 것을 받아들인다.

12 자연에 따라서 일어나는 일에 대해서는 신들이나 사람들

을 비난해서는 안 된다. 신들은 의식적으로든 무의식적으로든 악을 행하지 않으며, 인간은 본의가 아닐 때에만 악을 저지르기 때문이다. 그러므로 우리는 아무도 비난해서는 안 된다.

13 살아가는 동안 무슨 일에나 놀라는 사람은 얼마나 우스꽝스러운가.

14 우주에는 운명적인 필연성과 영원토록 변함없는 섭리가 있는가. 또, 목적도 없고 인도자도 없는 혼돈이 있는가. 만일 우주에 영원불변의 필연성이 있다면 그대는 왜 이에 반항하는가. 섭리가 있지만 변화무쌍하다면, 그대는 신에게 도움을 청해야 한다. 만일 인도자가 없는 혼돈이 있다면, 그런 폭풍 속에서 그대를 인도해줄 이성은 그대 자신에게 있다. 폭풍이 그대에게 불어 닥칠 때 몸과 호흡, 거기에 붙어 있는 모든 부속물은 버려라. 하지만 그대의 정신만은 반드시 붙잡아라.

15 등불은 꺼질 때까지 한결같이 빛난다. 그런데 그대 속에

있는 진리와 정의와 근엄함이 꺼져서야 되겠는가.

16 어떤 사람이 잘못한 것처럼 보일 때에는 스스로 이렇게 생각하라. '나는 어떻게 그것이 잘못인지 알 수 있는가? 이 사람이 잘못을 저질렀다고 하더라도 그가 이미 반성하고 있다면, 그래도 그를 꾸짖을 것인가. 이 모든 것을 어떻게 알아차릴 수 있는가.'

악인이 잘못을 저지르지 않기를 바라는 것은 마치 무화과나무에 무화과가 열리지 못하게 하고, 어린아이를 울지 못하게 하며, 말이 울지 못하게 하고, 그 밖에 필연적인 일을 허용하지 않는 것과 다름없다. 이런 생각을 가진 인간이라면 다른 어떤 일도 할 수 없다. 그대가 만일 그 사람에 대하여 화가 나서 괴롭다면 직접 그의 마음을 고쳐 주어라.

17 옳지 못한 일을 해서는 안 된다. 진실하지 못한 일을 해서는 안 된다. 그대의 충동을 억눌러라.

18 그대의 마음에 어떤 인상이 비칠 때마다 부분적으로 보지

말고 상세히 살펴보라. 그런 인상을 이루는 물질과 목적, 그것이 존속할 시간으로 분리하여 결론을 내려야 한다.

19 그대의 마음속에서 여러 현상을 일으키는 것과 마치 실로 그대를 조종하는 것 같은 사물보다도 더욱 선하고 신성한 것이 있음을 이제는 깨달아야 한다. 지금 그대 마음속에 무엇이 있는가? 두려움인가, 의심인가, 욕망인가, 또는 그 밖의 비슷한 어떤 것인가?

20 첫째, 생각이 뒤따르지 않는 일이나 목적 없는 일은 하지 말라. 둘째, 사회적 목적과 상관없는 행동은 하지 말라.

21 머지않아 그대는 죽고 지금의 자리를 잃게 될 터이며, 지금 그대가 바라보는 모든 것은 소멸하고, 지금 살아 있는 사람들도 사라질 것이다. 자연은 만물을 변화하고 유전(流轉)하며, 다른 사물이 되어 끊임없이 지속되는 동시에 존재하기 위해 사라지도록 만들었다.

22 모든 것은 그대의 생각에 달려 있다. 다시 말해, 그대가 어

떻게 받아들이고 판단하는지에 달려 있고, 그대에게는 그것을 주관하고 다스릴 수 있는 능력이 있다. 그대가 원하는 대로 생각을 개진하고, 원하는 대로 판단을 중지하라. 그리하면 그대는 파도가 잔잔하게 가라앉은 항구를 발견하게 될 것이다.

23 어떤 행동을 하든지 적절한 때에 끝난다면, 아무런 해를 입지 않는다. 마찬가지로 우리가 행하는 모든 행위의 결합, 즉 우리의 인생도 적절한 때에 끝난다면 아무런 해도 입지 않는다. 적절한 때라는 기한은 자연이 결정하는 것으로, 늙는 것처럼 우리 자신의 본성에 의해 정해진다. 이로써 자연은 자신을 구성하고 있는 여러 부분을 끊임없이 변화시키고 순환하게 하여 젊음을 지속한다.

우주의 본성에 유용한 모든 것은 언제나 선하고 시기에 알맞다. 인생을 끝맺는 죽음은 공동체의 유익을 해치지 않는다는 점에서 해악이나 부끄러움이 아니고, 자연이 정한 적절한 때에 우주의 질서에 따르는 것이기 때문에 선하고 유용하다. 이것이 신과 동일선상에서 판단을 하고 진정으로 신성을 따르는 길이다.

24 다음의 세 가지 원리를 그대의 마음속에 새겨라.

첫째, 그대는 무슨 일이든지 목표 없이 행동해서는 안 된다. 또, 정의에 어긋나서는 안 된다. 모든 일에 대해서 그것이 우연이든 신의 섭리든 이를 비난하거나 저주해서는 안 된다.

둘째, 모든 사람이 처음으로 영혼을 부여받고 호흡하며 살아가다가 다시 그 호흡을 되돌려주기까지의 과정을 생각하라. 그것은 여러 가지 원소들이 결합되었다가 다시 분해되는 과정일 뿐이라는 것을 기억하라.

셋째, 그대가 갑자기 하늘에 올라가 세상을 내려다본다면 그것이 얼마나 다채로울지 생각해보라. 공기와 하늘 아래 살고 있는 존재가 얼마나 많은지, 인간사가 얼마나 하찮은지를 보라. 그대가 그처럼 자주 하늘에 올라가 땅을 내려다본다고 할지라도 그때마다 똑같은 풍경을 보게 될 것이고, 결국에는 그 모든 것이 허망하고 덧없다는 것을 느끼며, 인간사를 멸시하게 되리라는 것을 기억하라.

25 판단을 버려라. 그리하면 그대는 속박에서 벗어날 수 있다. 무엇이 그대를 방해하겠는가.

26 그대가 어떤 일로 인해 괴로워하고 있다면, 그대는 모든 일이 우주의 본성에서 비롯한다는 사실을 잊은 것이다. 또, 어느 인간의 악행이 그대에게 아무것도 아니라는 사실을 잊은 것이다. 또, 모든 일이 지금까지 항상 그래왔고, 앞으로도 그럴 것이며, 현재의 일이라는 사실을 잊은 것이다. 또, 인류가 피나 씨앗이 아니라 지성으로서 하나인 공동체라는 사실을 잊은 것이다. 이에 더하여 인간의 정신은 신에게서 비롯했으며, 인간과 신은 떼려야 뗄 수 없는 관계로 그대의 자녀도, 그대의 몸도, 영혼도 모두 신에게서 비롯했다는 사실을 잊은 것이다.

다시 말하지만 모든 것이 그대의 생각과 판단, 즉 어떻게 받아들이느냐에 달려 있다. 인간은 오직 현재의 순간만을 살아가는 존재이므로, 인간이 잃는 것은 언제나 현재뿐이라는 사실을 잊지 말라.

27 어떤 일에 대해 광분하는 사람들 또는 명성이나 재난이나 적개심과 같은 특별한 운명에 의해서 주목을 받았던 자들을 떠올려보라. 그리고 지금 그들이 어디 있는가를 생각해보라. 모두 연기나 재처럼, 옛이야기처럼 사라져버렸

다. 아니 옛이야기조차 못 된다. 파비우스 카툴리누스가 그의 시골 별장에서 어떻게 살았는가, 루시우스 루푸스가 자신의 정원에서 어떻게 했는가, 스테르티니우스는 바이아이에서 무엇을 추구했는가, 티베리우스는 카프리에서 무엇을 했고, 벨리우스 루푸스는 무엇을 했는가.[48]

그들이 자만심에 이끌려 어떤 사물을 열렬히 추구했던 것을 생각해보라. 그 사물을 얻은 뒤에 그것이 얼마나 무가치하게 보였는가를 떠올려보라. 그리하여 자신에게 주어진 모든 기회에 정의와 절제를 발휘하고, 신에게 순종하며 그 가르침을 실천하는 일이야말로 훨씬 합당한 삶이라는 것을 되새겨보라. 자랑할 만한 것이 없는데도 자랑하는 것은 자만심의 끝이다.

28 "그대는 어디서 신들을 보았는가? 또 신들이 존재하는 것을 어떻게 인식하고 그처럼 열심히 숭배하는가?" 이렇게

---

48 이들에 대해서는 정확히 알려진 바가 없으나 모두 사치스러운 삶을 살았던 것으로 보인다. 티베리우스는 로마의 황제로, 나폴리 앞바다에 있는 카프리섬에 사치로운 별장을 지어놓고 자주 찾았다고 한다. 바이아이는 나폴리 캄파니아 지방에 있는 휴양지이다.

묻는 사람들에게 나는 다음과 같이 대답하겠다. 첫째로 신들은 눈으로도 볼 수 있다. 둘째로 나는 아직 나의 영혼을 보지 못했지만 이를 존중하듯이, 신들을 아직 보지는 못했지만 끊임없이 그 힘을 경험하기 때문에, 나는 그들의 존재를 인식하고 또 그들을 섬긴다.

29 삶에서 얻을 수 있는 구원은 모든 일을 철저히 검토해서 그 원인과 재료와 본질을 꿰뚫어보고, 있는 힘을 다하여 정의를 실천하고 진실을 말하는 데 있다. 하나의 선행을 한 뒤에 즉시 다른 선행을 하고, 다시 또 선행을 이어 나가는 것을 삶의 낙으로 삼는 것보다 중요한 일이 있겠는가.

30 햇빛이 산과 장벽과 그 밖의 다른 장애물에 가로막히고 끊어진다 해도 오직 하나다. 무수히 많은 개체가 서로 구분되고 단절된 것처럼 보여도 하나의 실재만이 존재한다. 개체마다 서로 다른 영혼을 지니고 있는 것처럼 보이지만 하나의 영혼만이 존재한다. 이성적 존재들 속에 각기 다른 정신이 있는 것처럼 보일지라도 하나의 정신만이 존재한다.

앞에서 말한 실재와 영혼과 정신을 제외한 모든 것, 공기나 물질적인 것들은 서로가 동족이라는 연대의식을 느끼지 못한다. 정신의 힘으로 이것들을 보전하고 하나로 결합하여 서로 어울리게 하는 것이다. 또, 정신은 강한 연대의식을 바탕으로 결합되어 있어서 정신들 간에 공동체적인 교제가 계속 이어진다.

31 그대는 무엇을 바라는가. 존재를 지속하고 싶은가, 감각과 욕망인가, 성장인가, 언어를 통한 사색인가. 이 중에서 어느 것을 원하는가. 이 모든 것이 무가치하게 여겨진다면, 그대에게 마지막으로 남아 있는 목표, 즉 이성과 신을 따르는 길로 향하라. 죽음에 의해 모든 것을 잃을까봐 고민하는 것은 이성이나 신을 존중하는 태도에 어긋난다.

32 각자에게 주어진 것은, 무한하고 헤아릴 수 없는 시간에 비하면 작은 한순간에 지나지 않는다. 영원은 그것을 금세 삼켜버린다. 그대는 그에 비해 얼마나 작은 존재인가. 또, 그대의 영혼은 우주에서 얼마나 작은 부분인가. 그대는 땅 위에 작은 한 점으로 살아간다. 이 모든 것을 마음에

새기고 오직 그대의 본성이 이끄는 대로 행동하라. 그리고 우주의 본성에 의한 일들을 받아들여라.

33 그대를 지배하는 이성은 그 자신을 어떻게 사용하는가. 모든 것은 거기에 달려 있다. 다른 모든 일은 그대에게 선택할 권한이 있든 없든 다만 생명 없는 덩어리이자 곧 사라질 연기다.

34 쾌락을 선으로, 고통을 악으로 생각한 사람들조차도 죽음을 하찮은 것으로 여겼다는 사실은, 죽음이 하찮다는 것을 다시금 깨닫게 해준다.

35 적당한 때에 오는 것만을 선이라 보고, 올바른 이성에 따르면 많이 행하든 적게 행하든 마찬가지라고 생각하며, 세계를 바라보기 위해서는 시간이 짧든 길든 아무런 차이가 없다고 여기는 사람들에게는 죽음도 두려운 일이 아니다.

36 인간이여, 그대는 이미 우주라는 큰 사회의 일원이다. 그렇게 살아온 기간이 5년이건 3년이건 무슨 차이가 있겠는

가. 우주에서 비롯하는 일은 모든 사람에게 평등하다. 폭군이나 불공평한 재판관이 그대를 이 사회에서 추방하는 것이 아니라, 다만 그대를 이곳으로 인도한 자연이 그대를 돌려보내는 것이라고 생각하면 거기에 어떤 가혹함이 있겠는가.

마치 집정관이 희극배우를 무대에 올리고 내리는 일과 같다. 그대는 "나는 아직 5막을 다 끝내지 못하고 3막만을 겨우 끝냈을 뿐이다"라고 항변할 것인가. 맞는 말이다. 하지만 인생은 3막이 끝일 수도 있다. 처음에 그 희곡과 배우를 구성한 존재만이 대단원을 결정할 수 있는 법이다.

이처럼 그대가 태어나고 죽는 것은 그대가 정할 수 있는 일이 아니다. 오직 자연이 결정하는 일이고, 그대는 받아들여야 하는 것이다. 그대를 떠나보내는 자연은 이 모든 것을 선의로서 행한다. 그때가 오면 자연의 결정을 받아들이고 세상을 떠나라.

스토아학파의 시초는 그리스에서 철학과 논리학을 공부하고 그를 바탕으로 강의를 시작한 제논이다. 처음에는 제논학파로 불리기도 했는데, 강의 장소였던 아테네의 주랑 '스토아 포이킬레'를 본따 스토아학파라는 명칭을 얻었다. 이후 클레안테스를 거쳐 크리시포스가 계승했을 때 학문적으로 발돋움하였고, 로마의 파나이티오스, 포세이도니오스가 스토아 사상을 받아들여 전해져 내려오면서 세네카, 에픽테토스, 마르쿠스 아우렐리우스에게로 이어졌다.

마르쿠스는 어렸을 적부터 할아버지에 의해 다양한 교육을 받으며 배움의 중요성을 깨달았다. 이후 안토니누스 피우스 황제의 양자가 된 마르쿠스는 훌륭한 스승들에게 가르침을 받으며 스스로의 견문을 넓혀갔다. 이때 여러 지식과 학문을 접하면서 '철학자 황제'라는 이름에 걸맞은 사상 기반을 다졌고, 그 중심에는 스토아철학이 있었다.

마르쿠스는 스토아학파 철학자들 중에서도 에픽테토스에게 많은 영향을 받았는데, 《명상록》 곳곳에서 이를 발견할 수 있다. 스토아학파 철학자이자 정치가로, 마르쿠스의 법률 스승이었던 루스티쿠스가 마르쿠스에게 '에픽테토스의 필사본을 빌려준 덕분에 《담화록》을 알 수 있었다'고 기록해놓은 부분도 있다.

마르쿠스는 스토아철학을 비롯한 다른 여러 철학을 두루 탐구하여 자신의 신념을 정립한 것으로 보인다. 그러한 견해가 《명상록》에 고스란히 담겨 있는데, 참된 윤리를 실천하고 선과 미덕을 통해 공동체에 유익을 주는 삶이 가장 가치 있다고 보고, 그에 관한 여러 지침들을 제시했다. 세 가지로 정리해보자면 다음과 같다.

첫째, 인간의 본성은 공동체의 유익을 위한다는 것이다. 마르쿠스는 이 세상의 모든 사물과 모든 인간을 우주에 속한 존재라고 보았다. 사물에게는 이성이 주어져 있지 않지만 인간에게는 이성이라는 게 주어져 있고, 이성을 지닌 모든 존재는 서로를 돕고 사랑하는 것으로 공동체의 유익을 실현한다는 것이다. 이것이 곧 우리가 이 세상에 온 목적이고, 살아가는 가치가 여기에 있다고 보았다.

둘째, 모든 일에는 신의 섭리에 따른 질서가 있다는 것이다. 스토아학파는 신이 이룩한 '우주', '자연', '이성'에 따르는 것을 중시했는데, 인간은 우주의 한 부분이므로 그

질서와 본성에 따르는 것이 올바른 삶이라는 것이다. 이를 바탕으로 마르쿠스는 우리가 겪는 모든 일이 신의 섭리에 따라 결정되어 주어진 것이기 때문에 받아들이고 순응하며 살아야 한다고 말한다. 여기에 괴로움이 있다면 각각의 일에 대해 운명을 탓하고, 원망하는 그 마음이 문제라고 지적하며, 모든 것을 받아들이고 순응하며 살아간다면 마음에 평온이 찾아온다고 이야기한다.

셋째, 죽음 또한 자연의 한 과정이라는 것이다. 마르쿠스는 《명상록》 전반에 걸쳐서 죽음을 두려워하지 않고 겸허히 받아들이는 삶의 자세에 대해 논한다. 죽음은 그저 몸과 영혼이 원소로 혹은 흙과 공기로 분해되는 과정에 불과하고, 우리가 태초에 신의 섭리에 따라 이 세상에 보내졌을 때처럼 다시 본래 있던 곳으로 되돌아가는 것일 뿐이니, 두려워하거나 피하려고 할 이유가 없다는 것이다. 또, 삶이 괴로운 것은 죽음을 두려워하거나 미루고 싶어 하는 마음 때문이니 그것을 버리고, 다만 지금 이 순간에 충실히 살아가다 평온하게 죽음을 맞이하라고 말한다.

마르쿠스가 전하는 삶의 가르침은 매우 종교적이고 윤리적이다. 그는 《명상록》을 통해 마르쿠스 아우렐리우스라는 한 사람의 평생을 지탱해온 모든 원리와 철학을 정리하고 다시금 되새겼다. 로마제국의 황제이자, 이 우주 속 작디작은 존재이자, 이성을 지닌 한 인간으로서 어떻게 살아야 하는지, 또 어떻게 죽음을 맞이해야 하는지, 어디에 가치를 두어야 비로소 참된 윤리와 신의 섭리에 합당한 삶을 살 수 있는지에 관한 그의 깊은 고찰은 지금 이 세상을 살아가는 우리에게도 유효한 내용일 것이다.

121년	하드리아누스 황제의 통치 아래 있던 로마제국의 수도 로마에서 출생. 할아버지는 시의원을 지내고 세 차례나 집정관을 역임한 인물이었으며, 할머니는 집정관 가문의 딸로 황비와 아버지가 다른 자매지간이었음. 마르쿠스는 안니우스 베루스와 도미티아 루킬라 사이에서 태어남.
124년	법무관에 올랐던 아버지 안니우스가 젊은 나이에 사망.
127년	하드리아누스의 총애를 받고 어린 나이에 기사 계급에 오름.
128년	할아버지에 의해 다양한 학문 교육을 받음.

138년 1월 하드리아누스 황제의 후계자인 아일리우스 카이사르 사망.

황제는 원로원 의원이자 마르쿠스의 고모부였던 안토니누스를 새로운 후계자로 지명하고, 그에게 마르쿠스와 아일리우스의 아들 루키우스를 양자로 삼을 것을 권함.

하드리아누스가 사망하자, 안토니누스가 황제에 즉위함.

145년 안토니누스의 딸이자 사촌누이인 안니아 갈레리아 파우스티나와 결혼.

두 사람 사이에서 열세 명의 자식이 태어났으나 대부분 이른 나이에 사망함.

160년	안토니누스에 의해 루키우스와 함께 공동 집정관으로 임명됨.
161년	안토니누스 사후 로마제국 16대 황제에 즉위. 마르쿠스는 원로원에 반대에도 불구하고 의붓동생 루키우스 베루스를 공동 황제로 임명. 로마제국 역사상 최초로 공동 황제가 탄생함. 이는 루키우스가 속한 케이오니우스 가문의 반란을 방지하고자 한 것으로 추측됨. 재위기간 동안 마르쿠스가 국사를 돌보고, 루키우스는 통치에는 큰 관심이 없었던 것으로 보임. 8월 마르쿠스의 후계자 콤모두스가 태어남.
161년	파르티아 왕국이 로마제국에 속한 시리아를 침략.

162-167년	166년까지 파르티아 왕국과 전쟁을 치름. 황제 루키우스가 지휘했으나 실제로는 카시우스 장군의 활약으로 승리를 거둠. 이 시기에 로마제국 전역에 역병이 유행.
167년	게르만족 콰디족, 마르코마니족이 침략해오자 마르쿠스는 직접 군대를 지휘하여 도나우 강변의 전선으로 향함. 이때부터 《명상록》을 쓰기 시작.
169년	공동 황제 루키우스 사망.
170년	게르만족과 협상을 시작했으나 172년부터 173년 겨울까지 산발적인 전투가 계속됨.
175년	로마군의 적극적 공세로 북부 전선은 정리되

없으나, 로마의 동방 지역을 통치하고 있던 카시우스 장군이 반란을 일으킴. 마르쿠스는 북부의 부족들과 평화조약을 맺고 반란군을 진압할 준비를 시작. 카시우스가 부하들에 의해 죽임을 당하고 마르쿠스는 이 기회에 동방 지역을 평정하고자 안티오크, 알렉산드리아, 아테네를 시찰함. 아내 파우스티나가 병사함.

176-177년	아들 콤모두스를 집정관에 임명하고 공동 황제로 등극시킴.
178년	콰디족, 마르코마니족이 도나우 국경 지대를 다시 침입하기 시작하여 콤모두스와 함께 원정을 떠남.

180년 천연두를 앓으면서 죽음을 직감한 마르쿠스는 금식을 시작하여 7일째 되던 날 세상을 떠남. 이후 황제가 된 콤모두스는 무능하고 난폭하여 최악의 황제로 평가됨.

살면서 꼭 한 번은 명상록

초판 발행 2022년 9월 1일

지은이 마르쿠스 아우렐리우스
펴낸곳 다른상상
등록번호 제399-2018-000014호
전화 02)3661-5964
팩스 02)6008-5964
전자우편 darunsangsang@naver.com

ISBN 979-11-90312-66-0 03190

잘못된 책은 바꿔 드립니다.
책값은 뒤표지에 있습니다.

독자 여러분의 책에 관한 아이디어나 원고 투고를 설레는 마음으로 기다리고 있습니다.
이메일로 간단한 개요와 취지, 연락처를 보내주세요. 독자님과 함께하겠습니다.